文豪ストレイドッグス

BUNGO STRAY DOGS

公式ガイドブック 転化録

INTRODUCTION

白虎と黒獣——
中島敦と芥川龍之介の共闘が
フランシス・Fとの決戦を制し、
大国より襲来した「組合《ギルド》」との
巨大異能戦争は終結を迎えた。

その戦いの中で結ばれた
「武装探偵社」と「ポートマフィア」の
休戦協定も継続する中、彼らによって
壊滅の危機から守られたヨコハマの街は、
今日も路辺に日常という物語を紡ぐ。

だが、そこには、
流入する海外犯罪組織の噂や、
「組合《ギルド》」残党の影も見え隠れし……。

一方で、太宰治は案じていた。
〝魔人〟の目覚め、新たなる災厄の始まりを。

暗渠にうごめくは、
盗賊団「死の家の鼠」の頭目、フョードル・D。
その恐るべき謀略が、ついに牙をむく！

CONTENTS

002 INTRODUCTION

004 十五歳

006 キャラクター紹介
太宰治／中原中也／蘭堂／サブキャラクター

012 ストーリー解説

020 美術設定──7年前のヨコハマ

024 インタビュー
監督：五十嵐卓哉
キャラクターデザイン・総作画監督：新井伸浩
太宰治役：宮野真守×中原中也役：谷山紀章
蘭堂役：内田夕夜
原作：朝霧カフカ×シリーズ構成・脚本：榎戸洋司

032 3rd SEASON

035 ヨコハマ組織勢力調査報告書
武装探偵社／ポートマフィア／死の家の鼠
新生組合(ギルド)／内務省異能特務課

049 第3シーズンストーリーガイド
(OVA第二十五話含む)

082 皆が愛し、守る街──ヨコハマ

087 過去から未来へ 救済の連鎖
中島敦／芥川龍之介／太宰治
『文豪ストレイドッグス』年表

100 『文豪ストレイドッグス』プロジェクトの歩み

104 関連商品紹介

109 インタビュー集
中島敦役：上村祐翔
芥川龍之介役：小野賢章
福沢諭吉役：小山力也×森鴎外役：宮本充
フョードル・D役：石田彰
2人の敦 アニメ版：上村祐翔×舞台版：鳥越裕貴

鼎談
プロデューサー：倉兼千晶
アニメーションプロデューサー：鈴木麻里
原作編集担当：加藤浩嗣

鼎談
原作：朝霧カフカ
監督：五十嵐卓哉
シリーズ構成・脚本：榎戸洋司

人間失格

太宰治

分には、人間の生活というも
が、見当つかないのです。自分
東北の田舎に生れましたの
、汽車をはじめて見たのは、
ほど大きくなってからでし
。自分は停車場のブリッジを、
って、降りて、そうしてそれが
路をまたぎ越えるために造
れたものだという事には全然
つかず、ただそれは停車場の
内を外国の遊戯場みたいに、
雑に楽しく、ハイカラにする
めにのみ、設備せられてある
のだとばかり思っていました。

第二十六話 太宰、中也、十五歳

また、自分は子供の頃、絵本で地下鉄道というものを見て、これもやはり、実利的な必要から案出せられたものではなく、地上の車に乗るよりは、地下の車に乗ったほうが風がわりで面白い遊びだから、とばかり思っていました。

人間のつましさに暗然とし、悲しい思いをしました。

十五歳

BUNGO STRAY DOGS

中原中也

汚れつちまつた悲しみに

第二十七話 荒神は今

思惑よ、汝 古く暗き気
わが裡より去れよかし!
われはや単純と静けき
とまれ、清楚のほかを希
交際よ、汝陰鬱なる汚
更めてわれを目覚ます

われはや孤寂に耐へんとす、
わが腕は既に無用の有に似たり。

第二十八話 ダイヤはダイヤでしか

汚れつちまつた悲しみに 今日も小雪の降りかかる 汚れつちまつた悲しみに 今日も風さへ吹きすぎる 汚れつちまつた悲しみは たとへば狐の皮裘 汚れつちまつた悲しみは 小雪のかかつてちぢこまる

DAZAI OSAMU

太宰治

能力名 —— 人間失格
どんな異能力も直接触れた場合、無効化する。

CV
宮野真守

PROFILE

年齢：15歳　**身長**：155cm　**体重**：51kg
初めて中也と会ったときの印象：「彼を好意的に感じることは今後一生ないだろう」
旅行するなら行ってみたい場所：身投げの名所めぐり
「王」の資質とは：森さんみたいな人

瞳に虚無を色濃く宿し死の傍らに佇む少年

黒い蓬髪《ほうはつ》、白い包帯だらけの痩せた小柄な少年。太宰治の凍えた瞳には虚無が宿っていた。

ポートマフィア新首領《ボス》・森鴎外の手元に置かれているが、部下でもマフィア構成員でもない。先代首領の主治医だった森の病院に担ぎ込まれた自殺未遂患者で、その出自も経歴も明らかではない。

森による先代首領の暗殺に立ち合い、遺言偽造の証言者となった。言わば〝共犯者〟である。その怜悧《れいり》さと思考の鋭さを森に見込まれ、ヨコハマ租界で囁《ささや》かれる噂の真相究明に遣わされる。

調査中の擂鉢街《すりばち》で突然、何者かに襲われ吹っ飛ばされる。倒れた太宰を踏み付けた少年は、重力使いの中原中也。2人は初対面からいがみ合う。この最低最悪の出会いが、太宰とヨコハマ黒社会の運命を変えることになる。

BUNGO STRAY DOGS

この頃から既に、生きることに価値を見いだせず、死の傍らで虚無を纏う。森が先代首領の首をメスで切り裂いても表情を変えずに、一部始終を見届けて証人となった

生きるなんて行為に何か価値があると本気で思ってるの？

蘇った先代首領の大鎌に切り裂かれ、体に大怪我を負った太宰は、死をリアルに感じる。今回の任務を通し、死が日常の一部であるポートマフィアの仕事に興味が湧いてくる

DAZAI OSAMU

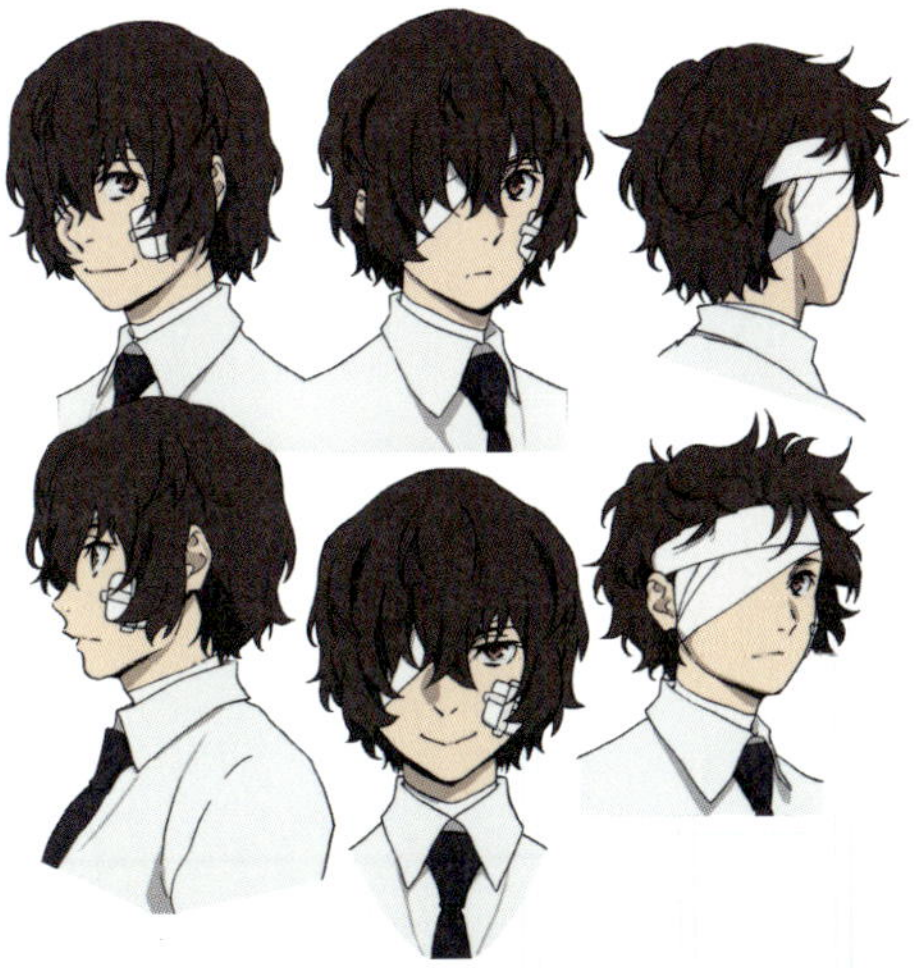

FRONT　BACK

包帯は太宰の魂の象徴。常に包帯まみれで、後に国木田が「包帯無駄遣い装置」と命名するほど。擂鉢街の爆発によって右腕を骨折するが、このギプスはギミックで鉄骨が仕込まれている。これは将来的にも、敵＋味方も欺くトリックとして活躍するのだ

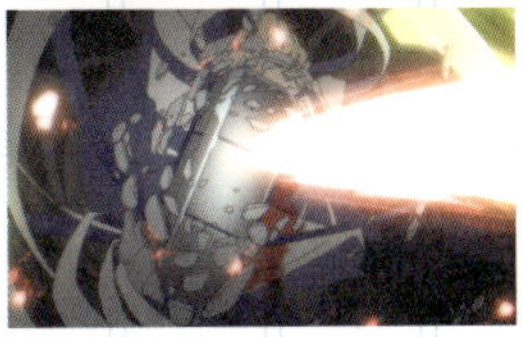

BUNGO STRAY DOGS

死に魅入られた自殺願望の少年

すべてを見透す怜悧な頭脳、深い洞察力は太宰に隔絶と孤独をもたらす。「生きることに価値が見つからない」と絶望を抱え、やがて「何事にも変換不能な一回限りの死」を望むようになる。

森と出会ってからも、自殺未遂を繰り返すが死にきれず、先代暗殺の目撃者である自分がまだ生きていることに対し、「アテが外れたね」と嘯《うそぶ》く。しかし、森に命じられた任務を遂行し、死と隣り合わせのポートマフィアに興味を抱き、生きる価値を見いだしていく。

低血圧の薬と高血圧の薬を混ぜて飲もうとする太宰。何をしているのかと森に尋ねられ、「まとめて飲んだら、楽に死ねるかと思って」と答える。太宰は如何なる時も死を想い、自殺未遂を繰り返す

「完全自殺読本」は太宰の愛読書。あらゆる自殺方法が詳細に記載されている稀覯本。この後、太宰は本に紹介されている自殺方法を試しているようだが、まだ一度も成功していない

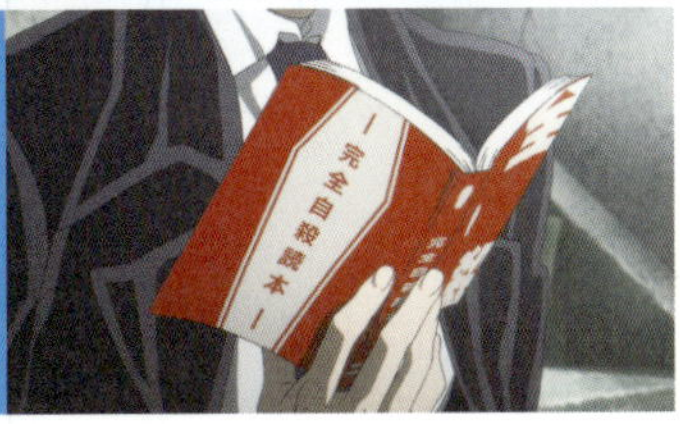

NAKAHARA CHUYA

中原中也

能力名 ―― 汚れつちまつた悲しみに

触れたものの重力とベクトルを操ることができる。

CV 谷山紀章

PROFILE

年齢：15歳　**身長**：150㎝　**体重**：53kg
初めて太宰と会ったときの印象：「そこらのゴミと一緒」
旅行するなら行ってみたい場所：仲間と海外旅行とか行きたい
「王」の資質とは：強くあること

強さという手札に縛られ己の出自に葛藤する

未成年のみで構成された互助集団「羊」のリーダー。触れた対象の重力を自在に操る異能力を持ち、高速の弾丸を蹴り飛ばし、飛行する旅客機の翼上を悠々と歩く。高い身体能力と戦闘センスを有し、圧倒的な強さで敵対者を凌駕《りょうが》する。

その強さ故、「羊の王」と呼ばれ、首領に祭り上げられる。異能力という〝手札〟に責務を感じ、仲間の守護と敵の制圧を使命とする。

不遜な態度で相手を挑発し、猛獣のような笑みを浮かべて粉砕する。嬉々《きき》として戦闘に臨《のぞ》んでいるようだが、心中には憂《うれ》いが潜む。中也には人生の記憶が途中からしかない。自分が何者かを知るために「アラハバキ」を探る。

最悪にして運命的な出会いをした太宰治とは、徹底的に心底、丸っきり反りが合わない。太宰を「他人を小馬鹿にしたクズ」と嫌悪する。森の思惑から、心ならずも太宰と組んだことで「羊」の不信を買い、仲間から排除される。

重力を操る異能力は強力で、どんな場所でも縦横無尽に戦うことができる。己の強力な異能力を制御するためか、中也は常に手をポケットに入れ、脚だけで相手を蹴散らしていく

俺は王じゃねえ。
ただ手札を持ってるだけだ。
強さって手札をな

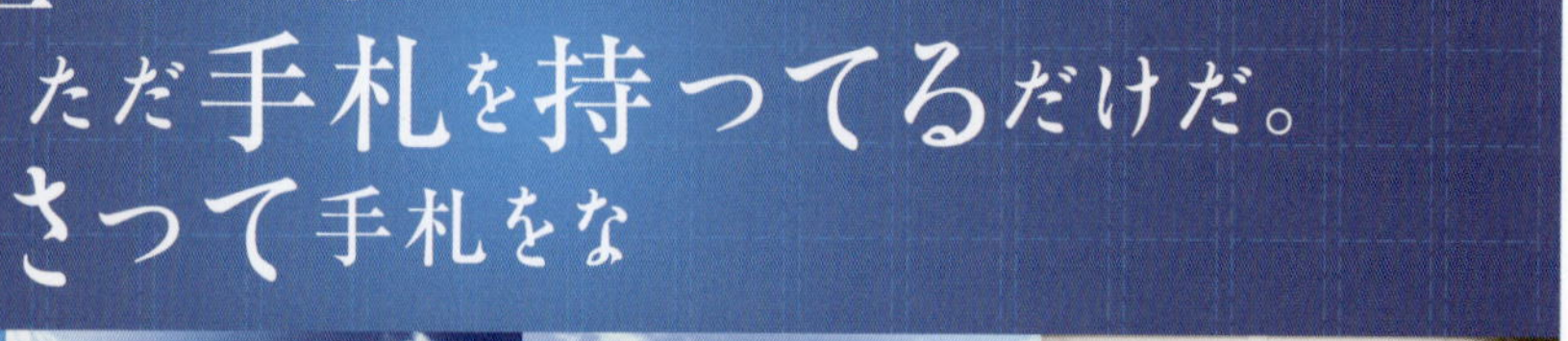

リーダーである中也を信用できなくなった羊のメンバーは、GSSと手を組み中也の排除を決める。中也は自分が仲間に与えたのは、依存とその裏返しの不安だけだったと気づく

NAKAHARA CHUYA

FRONT　　BACK

闇の中を漂う荒神 その正体とは……

当時からさらに8年前、ヨコハマで起こった爆発事故。中也には、その日以前の記憶がない。自分が何者で、何故そこにいるのかもわからなかった。中也の記憶は青黒い闇から始まる。何者かが封印を破り、闇を漂う中也を外の世界に引っ張り出した。覚醒した中也は黒き炎の獣となって、地上を破壊し、燃やし尽くした。それがアラハバキである中也の誕生だった。中也は蘭堂が封印を破ったと確信する。真相を知るため、蘭堂と対峙し、自分の出自を問い質す。

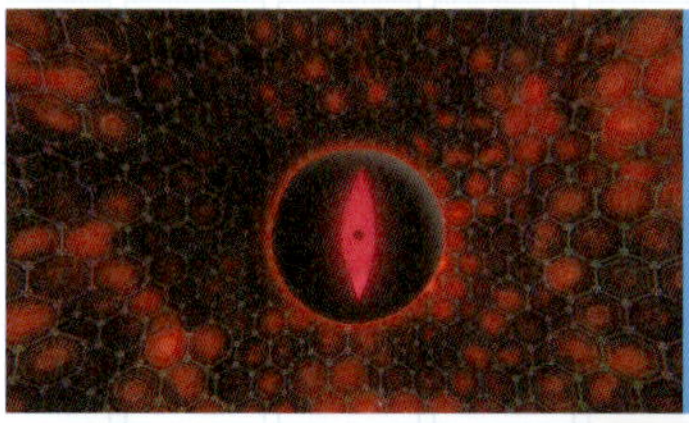

軍の施設で秘密裏に行われていた「人工異能」の研究……。アラハバキとは爆発の目撃者がつけた名称であり、それが中也の正体だった

蘭堂はアラハバキの真相に迫った一連の調査記録を残す。しかし、閲覧できるのはポートマフィアの幹部級以上に限られる。中也は森に忠誠を誓い、ポートマフィアの一員となる

RANDO

蘭堂

CV
内田夕夜

能力名 ── イリュミナシオン

亜空間を作り出し、結界とする。死体を異能生命体として操ることができる。

PROFILE

年齢：27歳　**身長**：185㎝　**体重**：68kg
自分が思う長所と短所：長所　能力が便利なところ／短所　寒がりなところ
好きなタイプ：温めてくれる女性
座右の銘：常に任務を至上のものとせよ
今、欲しいもの：失われた過去の記憶

BACK

心に穿たれた空洞に凍える欧州の異能諜報部員

森鴎外の派閥に与する、ポートマフィアの準幹部。亜空間を操る異能力を持ち、中原中也を捕縛した際、ホログラムのような立方体で手足を拘束する。酷《ひど》い寒がりで室内でも防寒外套を纏《まと》い、マフラーを巻いて、手袋とファーの耳当てを着けている。

表の顔はマフィアの構成員だが、その正体は欧州の異能諜報員だった。相棒と共に軍の秘密施設に封印された高エネルギー生命体を奪取するために入国。任務達成の寸前、不測の事態が起こり、やむなく生命体の封印を解いた。その瞬間、大爆発ですべてが消し飛んだ。

蘭堂は失ったものを取り戻すため、生命体を探していた。先代首領を異能生命体として復活させ、アラハバキの噂を流し、ついに中也を見つけ出す。しかし、太宰と中也の連携に破れて致命傷を負う。中也に「君の中に何が棲んでいようと、君は既に君だ」という言葉を遺して息絶えた。

相棒に裏切られ記憶も失った蘭堂は、身も心も凍えきっていた。しかし、真相に近づくにつれ、その目には光が戻り、輝く。激闘を終え、最期には彼も温かさを感じていた

FRONT

RANDO

BUNGO STRAY DOGS

柚杏

CV 三村ゆうな

白瀬

CV 水中雅章

羊メンバー

　未成年のみで構成されている互助集団。略奪や抗争、人買いの襲撃に抵抗するため、少年少女が集まり自衛組織を作ったのが発端。徹底した防衛主義だが、羊の領土を侵したものは必ず、リーダーである中也の凄まじい反撃を喰らうと言われている。
　白瀬と柚杏は羊の構成員(メンバー)。電子遊戯場で中也を見かけ、羊の窮状を訴える。中也の強さに頼り切り、「強さという手札の責任を果たせ」と迫る。中也が太宰と去ったことで、「羊を裏切って、ポートマフィアの一員になったのでは？」と不信感を抱く。

GSS隊員

　GSSとはゲルハルト・セキュリテキ・サアビスの略。マフィアと対立する非合法組織の一つ。元は海外資本の民間警備会社だったが、本国からの援助を打ち切られ、非合法化した。GSSの現総帥は冷徹な男で、北米の秘密機関組合(ギルド)と深い関係にあるらしい。

　港湾都市ヨコハマを縄張りにするポートマフィアの先代首領。晩年には、闇雲に抗争を拡大させ、無秩序に戦禍をまき散らす。先代の暴虐と暴政により黒社会は荒廃し、ヨコハマの街に崩壊の危機が訪れる。病床の先代を侍医の森が暗殺。病死と偽り、首領の座に就いた。その1年後、先代は蘭堂の異能生命体として蘇る。

先代ボス

CV 五王四郎

飛行する小型旅客機。乗客はポートマフィアの男が1人きり。ふと、窓からノックの音が……。窓の外から笑いかける少年。男は驚愕し、瞬時、少年の正体に思い至る。「羊」の王、中也の鮮烈な登場シーンだ。「羊」は未成年のみで構成された互助集団。「羊」の領土を侵した者は凄まじい反撃を喰らう。中也は「羊」のリーダーであり、守護者だった

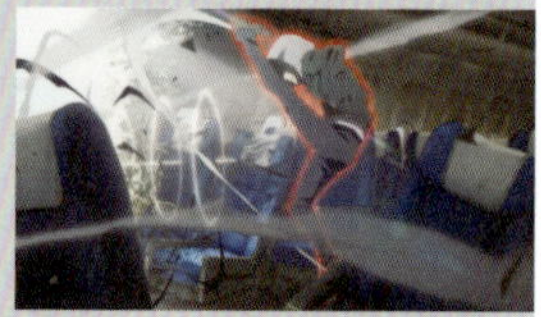

第二十六話 太宰、中也、十五歳

現れたのは〝先代のボス〟だね？
太宰治

森は先代ボスを暗殺し、後継者となった。太宰は唯一の目撃者にして、偽りの遺言の証言者だ。しかし、森が太宰を手元に置くのは、それだけが理由ではない。少年とは思えない思考の鋭さ、怜悧さ、観察眼……、太宰の底知れなさに興味を持ったからだ

ポートマフィアは、
俺が全員ぶっ殺す!
中原中也

森は太宰に“噂”の真相調査を命じ、「銀の託宣」と呼ばれる権限委譲書を託す。「銀の託宣」の所持者の発言はボスの発言と等しく、指示を口にすれば、五大幹部以下の構成員は逆らえない。「銀の託宣」を使うほどの重大事……。太宰は噂の主が先代ボスと見抜いた

そうか、君があの羊の王、
重力使いの中原中也か
太宰治

[STAFF]
脚本：榎戸洋司
絵コンテ：五十嵐卓哉
演出：佐藤育郎
作画監督：徳岡紘平・服部聰志

[STORY]

龍頭抗争から遡ること、1年前。ポートマフィアの首領・森鴎外は、ヨコハマ租界近くの擂鉢街に〝とある人物〟が現れたという噂を耳にする。森は、15歳の少年・太宰治に噂の真相を追わせる。

広津柳浪と擂鉢街に向かった太宰を敵対組織「羊」のリーダー・中原中也が襲撃する。太宰と中也は初対面から反発し合い、衝突する。その闘いの最中、突然の爆発が起こり、黒い爆炎を背に「先代ボス」の姿が浮かび上がった……。

中也はポートマフィアに捕縛される。森は「羊」の仲間を人質に取り、中也に太宰との共同調査を依頼。2人は渋々調査に乗り出す。

五十嵐監督コメント

「『十五歳』編は年若い太宰と中也に合わせて、画面をビビッドな色合いにしようと、空の色を緑から青にしています。第2シーズンの『黒の時代』のノワールな画面と、対照的な印象が出ればいいなと。ただこの作品では、一般的な『スカッとした』印象だけではなく、『青春』の混濁している雰囲気が表現できれば……と思いました」

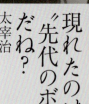

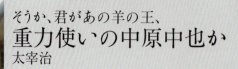

中也君、我々ポートマフィアの傘下に入る気はないかね？
森鴎外

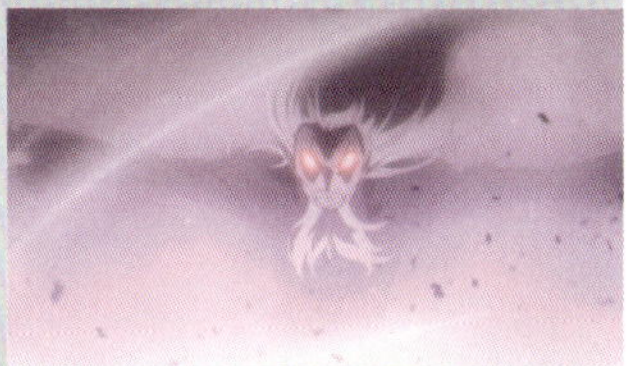

森は合理的な思考から、中也をポートマフィアに勧誘する。しかしそれにイラついた中也は、異能力で自分の周囲を吹き飛ばす。拘束されていても彼の異能力が脅威であることが窺える

神の獣……
黒き炎のアラハバキ
先代ボス

太宰は中也を連れて、1週間前にアラハバキ関連と思われる爆発に襲われた者——ポートマフィア準幹部の蘭堂へ会いに来た。しかし彼の屋敷はGSSという非合法組織の襲撃を受けていた。この騒動に、中也は嬉々として乗り込む

《荒覇吐》とも書かれるアラハバキとは、伝承上にある神の眷属のことで、その起源は不明な部分が多い

おいおい、
カモがネギしょって
なんとやらか？
中原中也

第二十七話　荒神は今

俺はまだ十五歳だ。これから伸びるんだよ!!
中原中也

嬉々として敵を壊滅させる中也。一方、静かに佇む太宰の眼差しは冷ややか。流れ弾が頬をかすめても、その場を動かない。2人の温度差がよく表れているシーンだ。中也が敵を制した後、一転、太宰が見せる狂気にも注目

【STAFF】
脚本：榎戸洋司　絵コンテ：五十嵐卓哉
演出：蓮井隆弘　作画監督：荻野美希・細川修平

あの時、獣の声を聞いた
蘭堂

蘭堂は1週間前の爆発時、荒ぶる神を見たと話す。その光景はまさに地獄で、「――ヨコハマの海が静かに凪いでいたのを妙に憶えている」と語る。蘭堂の矛盾に気づいた太宰はアラハバキの噂を拡散した犯人がわかったと、不敵に微笑む

【STORY】

太宰と中也は爆発の生存者のもとへ向かうが、ポートマフィアと敵対する「GSS」に襲撃される。中也は圧倒的な異能力で敵を蹴散らす。

生存者・蘭堂はポートマフィア構成員であり、森の派閥。太宰は、仲間割れを狙う対立組織による策謀と推測する。しかし、蘭堂は「アラハバキ」は実在すると話す。蘭堂の証言から太宰は犯人を特定する。

電子遊戯場《ゲエムセンタア》で太宰から犯人を聞き出そうとする中也。太宰は中也に推理勝負を挑み、中也は「羊」メンバーの制止を振り切り挑発に乗る。

太宰は単独で蘭堂を再訪、証言の矛盾を指摘する。遅れて乱入した中也は、さらに衝撃の事実を告げる。

五十嵐監督コメント

「朝霧先生の小説を読んでいると、蘭堂は人を導いていく印象があったんです。蘭堂の目的は、中也を倒してアラハバキの力を得ることなんですが、中也や太宰に実際に会った時に、彼等が只の少年では無く、おそらく自分を超えていく存在になっていくだろうと気づくんです。だから敢えて答えを示さずに、答えへ導くような戦い方をしているんだと思いました」

電子遊戯に興じる太宰と中也。ゲームのキャラクターは谷崎潤一郎＆ナオミ兄妹を彷彿とさせる。画面の左下には、2人の相合い傘の落書きも。クレーンゲームの景品がウサギ（鏡花）とトラ（敦）であるなど、所々に“遊び心”が見え隠れする

どちらが先に犯人を糾弾できるか勝負しよう。太宰治

「異能力の手札を持つ責任を果たしてくれ」。中也に詰め寄る「羊」のメンバー・白瀬と柚杏。仲間＝守るべき者と考える中也は、その強さ故、彼らに抗えない。その様子を太宰は冷静に観察している。この時、太宰の脳裏にはある策略が……

アラハバキはな――
俺だよ
中原中也

人智を超えた存在、
私を焼いたものはどこにいる？
蘭堂

蘭堂が見た海の情景は、8年前、擂鉢街ができた爆発時のもの――。そう指摘された蘭堂は平静さを失い、熱狂的にアラハバキの存在を求める。そんな蘭堂に中也は自分がアラハバキであると告げた。この事実には、太宰さえも驚愕する

第二十八話 ダイヤはダイヤでしか

蘭堂の亜空間は造船所跡地を覆い尽くし、太宰を通常空間の立方体に閉じ込めた。太宰の異能無効化を防ぐためだ。蘭堂の目的は中也を殺し、異能生命体として取り込むことだった

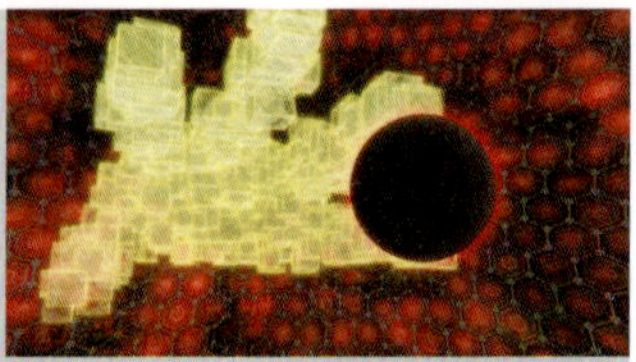

【STAFF】
脚本：榎戸洋司
絵コンテ：五十嵐卓哉
演出：佐藤育郎
作画監督：菅野宏紀・服部聴志・徳岡紘平

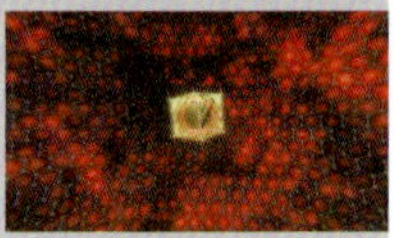

俺の記憶は人生の途中からしか存在しねェ
中原中也

死を間近で観察しなくては生きる事の全体像は掴めない
太宰治

先代ボスの鎌で胸元を抉られた太宰。「面白いじゃないか……」。血を流しながら、楽しそうに微笑む。太宰は死を間近に感じることで、「生きること」に意味を見いだす。そして、裏社会という命の危険と隣り合わせの場所に興味を抱く

【STORY】

8年前、中也は暗い闇を漂っていた。何者かの手が封印を破り、彼は外に引っ張り出された。

「あの手はあんただな」

蘭堂は亜空間を出現させ、中也を吹っ飛ばす。亜空間では、中也の異能は発揮できない。太宰には異能力で蘇った先代ボスが迫る。窮地の2人は互いに力を合わせることを決め、亜空間越しに手を伸ばす。その手が繋がった瞬間、亜空間が消滅。中也の拳が蘭堂に襲いかかった。

1か月後、中也は「羊」の襲撃に遭う。間一髪、太宰に救われた中也に、森は〝組織の長〟としての信念を説く。その矜持《きょうじ》に打たれ、中也は首領の前に膝をつき頭を垂れる。

五十嵐監督コメント

「太宰と中也は共闘して蘭堂を超えるけれど、戦った後も2人の距離感が縮まる訳ではないんです。お互いの異能力を合わせることで強い力が生まれることはわかっていても、だからといって2人が理解し合える間柄にはならない……。僕の解釈では、2人は特別な関係ではありますが、"友人"ではなく"同志"に近い。その距離感は、今後の物語でもおそらく変わらないんです」

重力からは逃げられねエ!

中原中也

蘭堂は欧州からやってきた諜報員だった。軍が封印していた高エネルギー生命体……つまり中也を奪取しようとしていた。しかし、封印を解く際に中也は暴走。周囲は吹き飛び、蘭堂も衝撃で記憶を失ってしまった

GSSと手を組んだ「羊」に追われる中也の前に、部隊を率いた太宰が現れる。使命は「羊」とGSSの殲滅。太宰は中也をポートマフィアに勧誘し、「羊」助命の取り引きを持ちかける。太宰は電子遊戯場で森に電話をかけた時から、この状況を予測して動いていた。すべては太宰の謀だった

改めて君をポートマフィアに勧誘してくれと頼まれた

太宰治

ポートマフィアでは、新人を勧誘した者が責任を持って面倒を見る。その印に、身に着けるものをひとつ与えるという。中也には蘭堂の遺品である黒帽子が渡される。内側には「Rimbaud」と刺繍されていた。中也を外の世界に引きずり出し、人としての生をもたらした蘭堂は、中也にとって"導く者"でもあった

全てはこの組織と……そして、この愛すべき街を守る為に

森鴎外

ラストに、本作は内務省異能特務課・坂口安吾の報告書に基づいていることが明らかにされる。安吾の机の前には、第十三話で安吾の泊まるホテルにあった椅子が置かれている

太宰治と中原中也
双つの黒

最悪から始まる双黒、出会いの物語

くっきりとした青空の下で2人は出会った。太宰治と中原中也。共に齢《よわい》、15歳。それは掛け値なしに最低最悪の〝始まりの日〟だった。

太宰は中也を「自信過剰で調子に乗っている子供」と断じ、中也は太宰を「他人を小馬鹿にしたクズ」と言い放つ。中也が太宰を睨《にら》み、太宰が中也を見返す。一触即発、双つの魂は反発し合う。

太宰は生きることに絶望し、いつも死に場所を探していた。そんな太宰を中也は「自殺願望」と呼んで嘲《あざ》笑《わら》う。一方、中也は己が何者かわからず、自身に愛着が持てずにいた。「羊」の仲間を護ることで、自分に価値を見いだそうとする。太宰は中也の思いを見透かし、「狼に睨まれた羊」と揶揄《やゆ》する。双つの魂は共に居場所を求めて彷徨《さまよ》っていた。

引き合い反発する太宰と中也。相反するようで、何かが共鳴し合うような2人の、これが出会いだった。

じゃあ今殺せ
楽に殺してくれるなら
願ったりだ
——太宰治

こりゃいい、ガキとはな
泣ける人手不足じゃねェか
ポートマフィア!
——中原中也

出会い

ヨコハマの擂鉢街。何かが太宰に直撃し、体を吹き飛ばした。土煙と共に廃屋の壁に叩きつけられ、倒れた太宰。その体を踏み付けるのは、ポケットに両手を入れた中也だ。自分の異能力に絶対の自信を持ち、強さは"手札"だと話す中也。太宰はそんな中也を「子供」だと揶揄する。価値観の違いから、2人はお互いを受け入れられない。運命的に出会った双つの黒は、ぶつかり合い、いがみ合う

反感

太宰の性根にムカついた中也は、力で圧倒してみせる。太宰は中也の強さに瞠目しながら、同時に彼の弱点を看破する。「君の敗因は異能力が強すぎることだ——」。己の強さを頼み、狡猾さと周到さに欠ける。中也の強さは両刃の剣だった。痛いところを突かれた中也は、太宰への嫌悪を露わにする。そして、中也を捜しに来た「羊」メンバーと遭遇。彼らは当然のように、中也に強さと責任を押しつけてくる。反論もせず、仲間に対して従順な中也を見て、太宰はある策略を思いつく

悪いけど、話しかけないでくれる
ちょっと呼吸で忙しいから
——太宰治
首引っこ抜くぞ、自殺願望
——中原中也

対立

森の命令で、嫌々ながら行動を共にする太宰と中也。何事も暴力で収めようとする好戦的な中也に太宰はウンザリする。中也は狡猾な太宰が心底気にくわない。対立する2人をあえて組ませた森の真意とは……

共闘

欧州の異能諜報員・蘭堂が中也に襲いかかる。蘭堂の空間衝撃波は物理法則の影響を受けないため、中也には防げない。先代首領の振るう大鎌は異能でないため、太宰は無効化できない。蘭堂の異能攻撃に痛めつけられる2人。絶体絶命の苦境の中、太宰が中也に〝共闘〟を提案する

ねえ、こいつら倒そう一緒に
——太宰治

来い、太宰!
中也!

先代首領の振るう大鎌に切り裂かれ、太宰は深手を負う。死を間近に感じ、太宰は「死ぬことは生きることの一部に過ぎない」と気づく。そして、死と隣り合わせのポートマフィアの仕事に興味が湧いてくる。わざと自分を追い込むように、両手を封じ、蹴りだけで戦ってきた中也。ついに、その手をポケットから出す。自分自身として生きるために、全力で戦うと決めたのだ

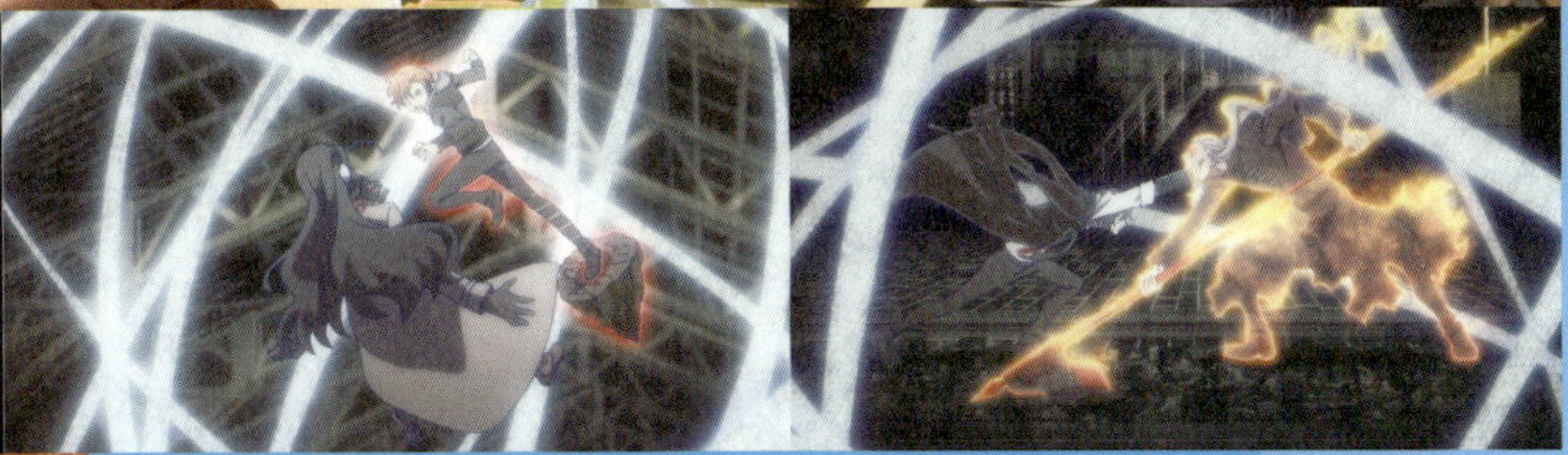

最悪のコンビ誕生!

太宰の悪魔的な策略で追い詰められた中也は、ポートマフィアに加入する。「羊の王」として生きた過去に決別し、森に忠誠を誓い、新たな居場所で生きると決意する。そして——その日はやって来た。マフィア本部の回廊で中也は太宰と遭遇する。顔を合わせた瞬間、2人は全力で罵り合う。そんな2人を優しげな表情で見守る森。最悪のコンビが誕生した

テメェの部下にも犬にもならねェ!!
——中原中也
君は僕の犬だろ!!
——太宰治

交わらない双つの黒を組み合わせたのは、森鴎外だった。ポートマフィアの首領の慧眼《けいがん》は2人の〝相性のよさ〟を見抜いていた。「ダイヤはダイヤでしか磨けない——」。15歳の青き原石は、限りない可能性を秘めていた。森の命令で仕方なく、コンビを組んだ太宰と中也。水と油の2人は、事あるごとに対立し、決して相容れない。しかし、2人の関係性に転機が訪れる。

すべての黒幕である蘭堂が中也を殺し、アラハバキを異能生命体として取り込もうとする。蘭堂の空間衝撃波は中也を叩きのめし、太宰は先代ボスの振るう大鎌に胸元を抉《えぐ》られ深手を負う。この危機的状況を打開する最適解は〝連携〟しかない。「こいつら倒そう、一緒に」と太宰。「自殺願望のテメェが生きたくなった、ってことか?」と中也。笑い合う2人の思いが共鳴する。中也はポケットから両手を出し、太宰に向かって左手を差し出す。太宰も中也に向かって右手を伸ばす。手と手が繋がった瞬間、2人を阻む障壁は崩れ去った。

この日、ポートマフィアに双つの黒が揃う。後に黒社会で畏《おそ》れられる〝双黒〟の始まりである。

ヨコハマ
—— 7年前 ——
Art Board

ヨコハマ租界・擂鉢街

海にせり出した埋立地にあるヨコハマ租界と呼ばれる地域には、骸砦と呼ばれる不気味な塔がある。その近くには15年前に軍の施設での爆発によってできた窪みがあり、その傾斜に沿って貧民窟(スラム)が広がっている

森鴎外の診療所

闇医者として黒社会の患者を請け負っていた、森鴎外の診療所。中立地帯となっており、ここでは加害者も被害者も分け隔てなく治療を施していた。ポートマフィアの首領になってからも、この診療所を使用していたようだ

ポートマフィアの拠点

7年前のヨコハマにも聳え立つポートマフィアのビル群。森の執務室には荘厳な雰囲気が漂っているが、遮光を開放すると空とヨコハマの街を一望できる。太宰がポートマフィアにいた頃の色調は、色鮮やかに表現されている。空は青く気持ちがいいほど澄み渡っている。ステンドグラスの光も濃い色合いになっている

執務室の絨毯

ステンドグラスの廊下

蘭堂の屋敷

蘭堂の自宅となっている洋館。豪奢な西洋風の建築物であり、その庭には幾何学状に剪定された低木が整備されている。モデルは山手イタリア山庭園内にある外交官の家。本来は欧州の調査員である蘭堂に合った自宅だ

電子遊戯場《ゲエムセンタア》

太宰と中也が格闘ゲームをしていた電子遊戯場。ゲームに出てくるキャラクターは武装探偵社の面々をモデルにしている。アニメでは確認しにくいが、これらは「仮装探偵社」という題で設定が存在する

格闘ゲームのキャラクター

造船所跡地

パーティールーム

閉鎖された造船所で、廃屋となっている。応接間を改造して中也を迎えるパーティールームにしている。太宰は嫌がらせのためにこんなにも派手な飾り付けをして、豪華な料理やケーキも用意していた

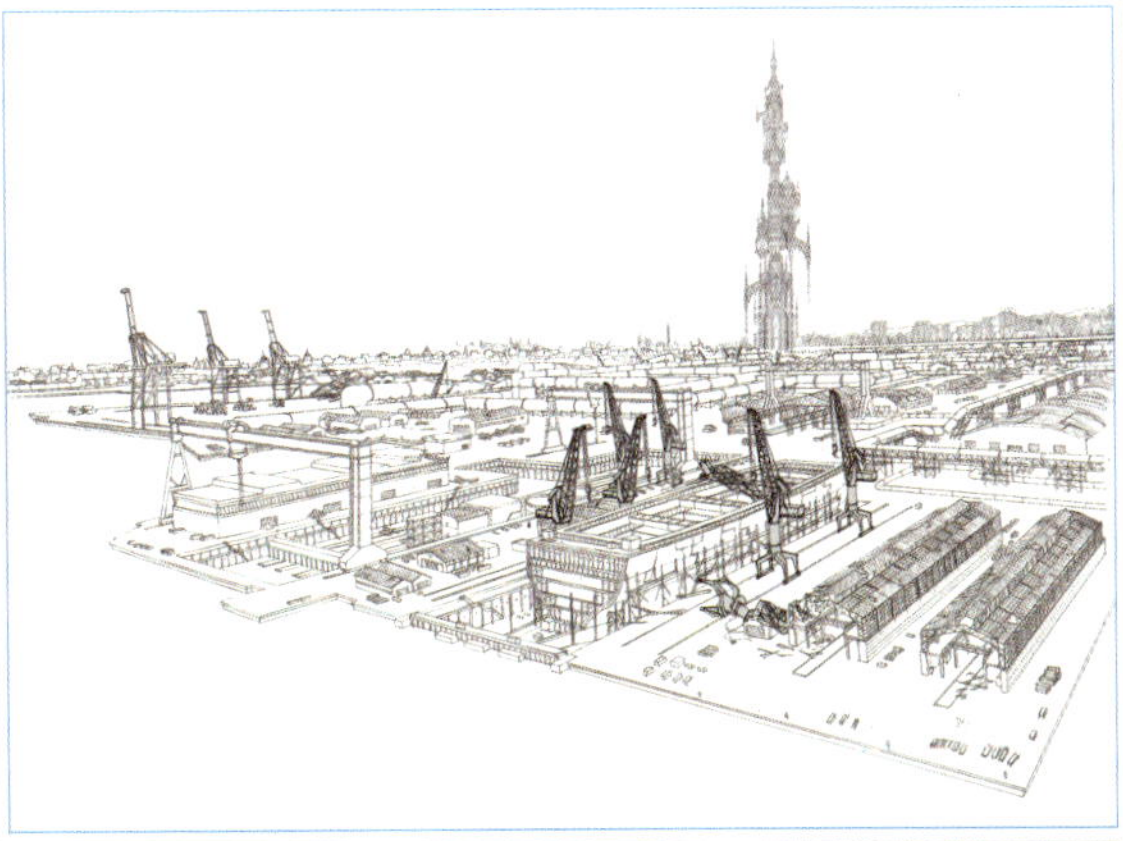

崖

人里から離れた崖の上にあるのは共同墓地で、身寄りのない蘭堂はここへと埋葬された。「アラハバキ」を巡る事件は蘭堂の単独犯として処理され、彼の屋敷は焼かれ、持ち物は海に捨てられた

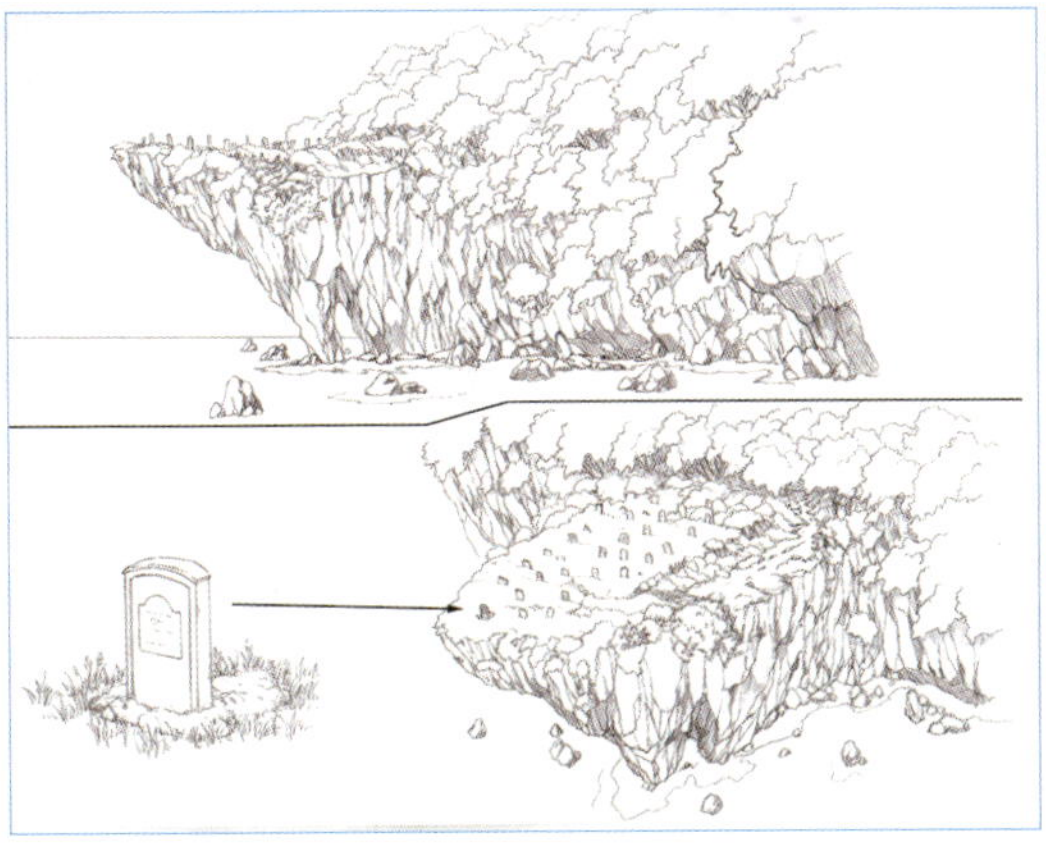

坂口安吾の執務室

高い天井の執務室の三方には背の高い書架が設置されており、膨大な量の書物が収められている。奥に配置された机で、安吾は報告書を書き続けているようだ。資料は「伊-41-90-丙」として保管された

五十嵐卓哉 監督

「少し触れただけで破裂しそうな2人」

永遠に続いていく2人の平行線

――第3シーズン冒頭に「十五歳」編を構成した思いを教えてください。

五十嵐　映画「文豪ストレイドッグス DEAD APPLE(デッドアップル)」が皆さんに熱く受けとめてもらえたことがありがたくて、もしシリーズを続ける機会を頂けるなら、制作陣から皆さんへの「ギフト」になるようなものにしたいと思っていました。幕が開けた時に純粋な驚きや喜びを感じていただけるであろうエピソードで、龍頭抗争の話から始まる映画とも呼応するもの……と考え、「十五歳」編に至っています。

――太宰治と中原中也の出会いの物語でもありますが、アニメにする上で軸としたのは？

五十嵐　まず考えたのが、太宰と中也の間に横たわっている距離感についてです。彼らはどのくらい反目し合うのか。どのくらいマイナスイメージから始まるのか。2人の関係値、互いに忌まわしい存在であるということは、この頃から22歳の現在に至るまで変わっていないと僕は思うのですが、だからこそ永遠に交わらないその平行線の始まりをしっかり描きたいと思いました。よく言われることですが、人と人との関係性で一番立ち行かなくなるのは無関心なんですよね。一方『大好き』と『大嫌い』は表裏一体で、絶対値としては同じだから裏返りうる。だから、太宰と中也の関係値もマイナスからプラスに反転する可能性もあるわけですが、物語上決してそうはならないのがこの2人なんですよね(笑)。ただ2人が出会うことで、それぞれの存在が一気に際立ったことは確かだと思います。絵コンテを描いていて、めちゃくちゃ楽しかったです。馴れ合っている部分がひとつもなくて(笑)。

――馴れ合ってないのに息はとても合っていて。

五十嵐　これは僕の私見ですが、「好き嫌い」と「信用、信頼」というのは、相反する様に見えて併存すると考えています。太宰と中也の様に言葉にしなくても互いの「思考」や「行動」が近づくのは、やはりお互いが特別な存在なのでしょうね。「ダイヤはダイヤでしか磨けない」、その特別な存在を鴎外はわかっていた……。故に、2人をポートマフィアに入れて、自分が舵取りをするようになった組織をある程度盤石にした……ということなのでしょうね。いつか、太宰にとって中也という存在が友だちになりえるかといえば、それはないし、そもそも太宰には友だちなんか1人もいないのだけど(笑)。ただ、その太宰をして、唯一「友だち」と称された織田作之助というのは、ここへきてもやはり大きな存在なのだな、と。この「十五歳」編を描くことで、あらためて思い知らされました。そして、「黒の時代」編に繋がっていく前哨戦でもある、と。

――15歳の太宰と中也を描く上で、気をつけたことは？

五十嵐　僕の中で15歳の彼らは、フレッシュな若さ、青さより、もっと濁ったイメージがありました。泥水をかき混ぜた直後のような混沌と言うか(笑)。なので、キャストの宮野(真守)くんと谷山(紀章)くんには「15歳だからといって大きく変えなくていいよ」という話をしました。結果、太宰が今よりスレている感じがしたり、中也が今より……もう死語だと思うのですが、〝とっぽい〟感じになっていたり(笑)。それは彼らが芝居で提示してくれた味であり、つくりあげてくれた15歳像です。根本的なものは変わってないのに、ヒリヒリとして少し触れただけで破裂しそうな2人を表現してくれました。

――ラストには組織の長としての森鴎外の考えが語られます。現場を率いる監督として、共感する部分はありますか？

五十嵐　僕自身には組織をまとめる長であるという意識はあまりないのですが、ただ制作現場において作品よりも上に位置しているものは何もないと考えているので、鴎外の言うところの「組織」が僕にとっては「作品」なんでしょうね。作品の奴隷になれるか、忠誠を誓えるかを常に問われている。重ねて言うと、僕の思う「作品」の中にはスタッフの人たちも当然含まれています。それら全部をひっくるめて「作品にしか興味がない」という感じですね。ただ、一方で、僕自身のテーマでもある「人と人との距離感」を表現できる作品であるとも思っています。この作品に深く踏み込むことが、個人的にも自身をあらためて見つめ直す機会になっているんでしょうね。話を作品に戻せば、鴎外の信念はさらに重く、そして大きい……。組織を守ることは構成員を守ることであり、ひいてはヨコハマという街に対してどんな想いをもっているのかも、これから続く物語にもちりばめられていますので、是非そのあたりも含めて楽しんで頂けたらと思います。

BUNGO STRAY DOGS

※ニュータイプ2019年6月号掲載のインタビューを再編集しました

新井伸浩

キャラクターデザイン・総作画監督

描き重ねた彼らのまだ見ぬ表情を

――「十五歳」編の物語に触れてどんな感想を抱きましたか?

新井　まず、中也の過去の壮絶さに驚かされました。そして、彼らの過去を知れたことによって現在の彼らへの理解もまた一層深まって。これまで普通に描いていた要素、たとえば、中也の帽子にしても、これから描く時は必ずその意味が頭をよぎるので、作画の上でもとても意義深いものでした。

――15歳の彼らのキャラクター設定はどのように起こしていきましたか?

新井　少年の彼らというと、春河35先生が以前、漫画の扉絵で描いていた紅葉と小さい中也、鴎外と小さい太宰のイラストがあったので一瞬それが浮かんだのですが、15歳ということで、そこまで幼いわけはないな、と思い直しました。基本的に春河先生が描いてくださった原案をもとに起こしています。中也は髪の毛や服装のわかりやすいポイントがあるのですが、太宰はシルエットもほとんど変わってなくて。年齢感だけを下げるという作業になったので、描き分けが難しかったです。しかも、「黒の時代」編の18歳があることによって、22歳から18歳、18歳から15歳と微妙に刻んでいかなければならなくて。年齢順に絵を並べれば違いはあっても、単体だと誤差の範疇にも見えてくる。もともと華奢な2人ではありますが、男性としての骨格はまだ発展途上で、腕などは細めに調整しています。

――今回新たに登場した蘭堂や「羊」のメンバーたちはいかがでしたか?

新井　蘭堂、白瀬、柚杏は太宰と中也同様に春河先生の原案をもとに設定化しました。蘭堂に関しては設定はすんなり描けたのですが、いざ作画に入ると難しかったキャラですね。顔とイヤーマフのバランスもレイアウトによってブレが出やすくて。表情は、基本は瞳のハイライトはなしにしているのですが、終盤には入れています。彼の中で何かが動き始めて、それと連動して目にも光が宿ります。「羊」の子たちは装飾がおもしろいんですよね。全員同じリストバンドをつけていて、服装のどこかしらに羊のデザインがついている。メンバー全員につけているので、探してみていただくのもおもしろいかもしれません。

――五十嵐監督の描かれた「十五歳」編のコンテを読み解かれて感じられたことは?

新井　演出意図がレイアウトに込められていることも多いので、しっかり汲みとっていかねば、と。あと、最初にイメージボードをたくさん描かれる方でもあるので、それを見ているだけでめちゃめちゃ楽しいです。

――作画に入って苦労した点、こだわられた点を教えてください。

新井　やっぱり2人の年齢感ですね。表情のニュアンスなどは捉え方も人それぞれなので、表情が少し険しくなると、大人っぽくも見えがちですし、逆に幼くなりすぎてしまう場合もある。そこは気をつけてチェックを入れていきました。ポイントはと言えば、太宰と中也の身長がほぼ同じということですね。これは「十五歳」編ならではなので、そんな2人を並べて描くカットが楽しかったです。総作画監督として作画を手がけた箇所で個人的に気に入っているのは、中也が蘭堂にアラハバキは俺だと告げるシーンです。内容のショッキングさに対して、キャラの動きはそこまでないんですけど、だからこそ、画面には何かインパクトを残したくて試行錯誤しました。蘭堂視点の中也のアップなのですが、少し魚眼レンズのように歪む。それを聞いた時の蘭堂の心象も加味されたように感じられるものになったんじゃないかと思います。

――第3シーズンまで作品を重ねてきて、今、どんな想いがありますか?

新井　シーズンを重ねていくたび、思い入れがどんどん深まっていきますね。新しいキャラクターも増えるし、主人公たちに関してもそれぞれ新たな表情を描いていくことにもなりますし。制作現場としてもチャレンジを重ねて成長していけているのを感じます。ただ、のめり込んで描いていると、もともとの自分の絵に寄っていってしまうこともあるので、そこは気をつけなければと注意を払っています。最初はすべて春河35先生の絵をバイブルに描いていくわけですが、たとえば以前うまくいったカットがあると、次に同じようなカットがある時には無意識にそちらの方向に行くので、その時に手癖みたいなものが入ってしまうことがあるんですよね。そんなところも丁寧に調整していければと思っています。

※ニュータイプ2019年6月号掲載のインタビューを再編集しました

谷山紀章

中原中也役

魂をもてあました2人の始まりを

――第3シーズンの幕開けに構成された「十五歳」編。どんな思いで臨みましたか？

宮野　台本やアフレコ用のVを確認して、まず、制作陣のこのシリーズへの愛をすごく感じました。第3シーズンの冒頭で「十五歳」編という太宰と中也の2人の始まりを描くことで、作品の奥行きやキャラクターに深みがとても出る。だからこそ、それをしっかり表現しなくては、と責任も感じながら臨んだのですが、映像もフルカラーですごく状態のいい中でやらせていただけたので、僕たちもわくわくしながら収録しましたね。

谷山　ほんとにね、愛だなあって。構成にしても、「文スト」には魅力的なキャラクターがたくさんいるし、まずはみんなを勢ぞろいさせて前に広げる、みたいな方向もあったと思うんですけど、そうではなく原点を掘り下げていく。いい作品に育ったなあ、と思いました。こういうことを実現するのって、作品に対する愛とファンの皆さんへの信頼とがなければできないことだから。

――15歳の彼らをどのようにたぐり寄せましたか？

宮野　「十五歳」編は小説原作で、アニメで初めてビジュアル化されるので、その中で五十嵐（卓哉）監督が何を大切にされるのか事前にうかがっておきたい、という思いがありました。そこで、五十嵐監督といろいろお話をさせていただいて。精神性の話が主でしたが、22歳の探偵社にいる太宰をあえて「前向き」とするならば、15歳の太宰の精神性は、どういうものだったのだろう？と。「黒の時代」編よりも、さらに前の太宰なので、その軌跡をどう意識するか。早熟で達観しているにしても、若さからくる精神性、生と死の捉え方というのがあると思うので、そのあたりをお話ししました。

谷山　本編では22歳、「黒の時代」編で18歳、今回15歳ということで、そうなってくると声色うんぬんで若さを表現しようとするのは、もうナンセンスなんだよね。なので、僕は中也をまた一からかたどるくらいの感覚で臨みました。でも、そこにはある種の自信もあって。中也と向き合う時の根っことというのは、今の自分の中に確実にあるわけで、そこへの信頼が軸になっていきました。どうあっても、演じるのは自分なんだから、と。

宮野　ああ、その感覚すごくわかる。

谷山　だから、ある種開き直ってやった節もあります。実際に収録すると、思っていた以上にやりがいがありまして。なんかねえ、本当にすごく濃密でした。

宮野　監督もすごく喜んでくださったしね。収録後に「おかげで、いいフィルムになります」という言葉もいただけて。

谷山　画から制作陣の熱量を受けとって、キャストも鼓舞されて。すてきな体験をさせてもらいました。

――2人の出会いの物語でもありますが、あらためてこの関係性についてどんな思いがありますか？

谷山　この2人の間には、初めからどうしても越えられない壁があって。その壁というのが「こいつ、マジ嫌い！」という感情なんだと思う（笑）。隙あらばやってやんぞ、こんにゃろうって中也は思っているし、太宰もこいつとは相容れないと感じている。その壁と、それでも噛み合ってしまうテンポみたいなものをたっぷり表現できたのがうれしかったですね。どれだけコミカルなシーンでも、2人とも腹に一物抱えているという。

宮野　ただ、太宰にはその壁自体をおもしろがる節もあって、そこが中也とのアプローチの違いなのかなと思います。太宰は今回、「死ぬことは生きることの一部に過ぎない」と言っているけれど、その考えを自分の中で深めることで、生きる意味を感じようとしているように見えて。それで深める過程で、中也にいろいろと投げかけているんじゃないかと思うんですよね。

――蘭堂、森鴎外との対峙はいかがでしたか？

谷山　蘭堂は、中也にとっては自分の過去に関わる人で、いうなれば自分をとりあげてくれた〝産婆さん〟のような……。

宮野　中也はそれ以前の記憶がないんだもんね。

BUNGO STRAY DOGS

※ニュータイプ2019年6月号掲載のインタビューを再編集しました

谷山 そう。中也的な視点で言うと、あの手はあんただったのか、と。なので、蘭堂と対峙する心境は、かなり複雑だったろうと考えました。まあ、最終的には太宰との初ツープラトンでやってやりましたけど！

宮野 グワシッと恋人つなぎでね(笑)。「中也！」「来い！ 太宰！」って、むちゃくちゃ気持ちよかったですよね。だから、こういうことができる2人なんですよ、利害が一致したら。お互いの実力を認めている存在というのは、大事なことだと思います。一方、森さんは、ある意味一層わからなくなりました。この街を守りたいというのは本心だろうけど、そのまま、ただいい人だとは受け取れない。底知れないな、と。

谷山 最後にリーダー論も聞かせてくれて。中也も、途中までは「んなこと言われなくてもわかってンよ」って聞いてたと思うんだけど「必要であれば使い捨てる」という言葉を聞いたときに、ハッとする。それで、憑き物が落ちたみたいに傅く。台本を読んだ時は、あまりにも早く納得しすぎかなとも感じたんだけど、実際に演じて腑に落ちました。

宮野 映像もすてきだし、あとはやっぱり森さんを演じる宮本(充)さんのパワーが大きいんじゃないかなと。宮本さんのあの声の説得力がね。

谷山 そうそう。すっと耳に入ってくる感じ。結果、めちゃくちゃ心に残るシーンになりました。

宮野 真守 太宰治役

——そのほか、アフレコ時に印象に残ったことはありますか？

宮野 「黒の時代」編も独特でしたが、今回も独特な雰囲気で進みましたね。宮本さんのおちゃめさとか、福山(潤)くんの解説能力も存分に発揮されながら(笑)。いや、だって、すごいんですよ。今回、戦闘シーンのアクションもセリフも込み入っているので動きの速い映像に合わせていくのが、めちゃくちゃ大変で。今、これはどういう空間で、どういう間合いで戦っていて、どういう状態なんだ？って考えちゃうこともあったんですけど、そんな時には、福山くんが「これはこうで、こうなって、だから異空間がこうで、こういう状態なんだよ」と解説してくれるんです。全然そのシーンの当事者じゃないのに(笑)。

谷山 もうさ、あれは完全に異能だよね！

宮野 いろんな異能が発動されて、大変刺激的な現場でした。あと、第27話の収録に上村(祐翔)くんが見学に来てたんですけど、合間に軽口で「あれ？ 帰るのー？」と言ったら、結局、最後まで見守ってくれたりもして(笑)。『文スト』って、すごいですね！」と瞳をキラキラさせてくれていましたよ。このあと彼が主人公の本筋の物語が進むわけで、いろいろなものを託すというか、バトンできたんじゃないかと思います。

谷山 そうか、また、若手を育てちゃったかあ！(笑)

宮野 そうやって思いを引き継いでいく感じもね、実にこの作品らしいので、よかったなあと思います。

——お2人は、お互いの表現のどんなところに刺激を受けますか？

谷山 今回に限った話じゃないんだけど、マモはね、これまでアニメでつくられてきたステレオタイプなイメージを壊そうとしていて。しかも、それを結果的に正解に聞こえさせるのがすごいと思う。その時の外し方とか、かわし方に関しては僕にも似た感覚があるので、共感しながら向き合っています。なんというか、"記号"にしたくないんですよね、セリフやキャラクターを。まあ、アニメというのはある程度、記号にせざるを得ないんだけど……。

宮野 デフォルメ感は必要だもんね。

谷山 で、そんなマモが太宰を演じるということは、水を得た魚のようになるわけ。だって、これもういろんなところで話しているけど、当初オーディションで資料をもらって、太宰は絶対、宮野真守だよって思いましたからね。とにかく、マモの太宰は変幻自在。ここまでやっていいんだって教えてくれる表現だと思います。

宮野 うれしい！ でもそれは、まったくもって僕も紀章さんに対して思っていることですよ。僕らは今回、この「十五歳」編で、思いきり楽しんでぶつかり合えて。セオリーを崩すみたいなところは、紀章さんの中也にもめちゃめちゃ感じました。中也は斜に構えた

宮野真守×谷山紀章

キャラだから、セリフもかっこいいんだけど、それをかっこつけないで言うさじ加減がまたかっこよくて。刺激的でありながら、リラックスしてお芝居ができる関係です。これってなかなか珍しい感覚かもしれません。

谷山　たぶん、音感とかも関係してるのかなと思うんだよね。漫才なんかでもネタ自体は良くても運びがヘタな〝音痴〟な漫才ってあると思うんだけど、会話の交わし方のテンポや音程ってセンスがいるものじゃないですか。マモはそれが抜群。だから、セリフのやりとりをしてても、めちゃくちゃおもしろいんだ。

宮野　ぱっちり合う時って、「こうきたら、きっとこうくるだろうね」っていう期待を超えて、「こうきたかァ!」みたいな驚きが続くんだよね。で、とっさに「ならば、こうだァ!」って返したり、「ふふ、ちょっとフェイント入れちゃおっかな」とかね(笑)。そういうやりとり自体が、もうまさに太宰と中也なのかなあって思うし。

谷山　なかなか、そんなにやりあえる相手はいないから、どうしても気持ちよくなっちゃうんですよね。で、それはきっとフィルムにも表れるんじゃないかと思います。

宮野　たとえば、「中也がニヤッと含みをもたせて言うセリフに対して、ここは太宰も中也と同じ雰囲気で返してほしい、と演出が入ったシーン」があったのですけど、これがおもしろかった。具体的に言うと、第28話で中也の「つまり、〝自殺願望〟のテメエが生きたくなったってことか?」から始まるやりとりです。ただ紀章さんの言い方を真似したイコールじゃなくて、それを踏まえた太宰としてのイコールでなくてはと思ったから、すごく紀章さんのセリフの色合いに耳を傾けました。

谷山　ああ、あそこは俺もマモがどうくるのかって耳ダンボになった。

宮野　演出サイドから「どうする? 先に2人で相談してもいいよ」とも言われたけど、紀章さんが「いやいや、マモ、俺が言ったのを聞いといてよ」って言うのに対して僕も「ですよね」って返して。ここは勝負どころという気持ちを2人で共有できたのがうれしかったな。いやあ、こういう話おもしろいですね。

谷山　なかなか2人でしないもんね。

――振り返って、ご自身にとってこの作品はどんなものになっていますか?

宮野　僕、こんなに長く太宰治を演じられて、本当にうれしいんです。太宰がどんどん自分の中に入ってきて、どんどん大切さが深まっている。五十嵐監督もよくおっしゃるんですけど、太宰の本質って本当は誰にもわからないんじゃないかと思うんですね。でも、だとしたら逆に、僕が一番近くにいるのだと考えてみてもいいのかもしれない、と。なので最近はより一層、太宰治はこうである、と確信をもって現場に臨むようになって。これから先の収録も楽しみです。

谷山　僕にとってはGRANRODEOとして、主題歌も担当させていただいているシリーズですので。

宮野　いや、もう、今回のオープニングもめちゃくちゃかっこいいですよね! マジ、エモい。

谷山　マモにハモってほしいくらいだよ(笑)。普段、音楽で関わる作品に、キャストで参加することって案外少ないんですよね。なので、自分の中で特別枠に入っている作品です。もし「文スト」にキャストとして関われていなかったら、出たかったなあって感じると思うし。

宮野　わかる、絶対思うね。

谷山　なので、とてもうれしいです。自分が好きな作品に自分が関われて、皆さんに愛されているというのが。声優としてのやりがいを実感させてくれる作品です。

内田夕夜

蘭堂役

永遠という海を遠くに見て

――参加が決まる以前、「文豪ストレイドッグス」という作品にどんなイメージがありましたか？

内田　力があるなあ、好きだなあと個人的に思っている声優さんたちが勢ぞろいしている作品という印象がまずありました。作品の世界観も、志がある人間たちが詩とか小説をポケットにしのばせていた時代、その時代の作家たちをモチーフにしているということで、とても興味深かったですね。そういう時代に生きていた人たちの憧れであり影であり、という部分もきっと滲んでいるんじゃないかなあって。

――蘭堂という人物をどのように捉えていきましたか？

内田　永遠や究極というものを狂おしいまでに追い求めた人、という印象を受けました。その瞳が見つめている世界はここよりもずっと遠くて、名すら関係のない境地なんだろうなって。「ただヨコハマの海が（中略）静かに凪いでいたのを妙に憶えている……」という彼のセリフがあるのですが、それが本当に美しい詩のようで。世界の有り様の深淵をのぞこうとしていた人なのだろうと思いました。深淵をのぞけば、向こうからものぞき返されるというのもまた真理なわけですけれども。

――実際に演じて感じたことや、現場の雰囲気を教えてください。

内田　蘭堂は最初、ほとんど話してないのですが、だからこそ、〝ただ者ではない〟という雰囲気を少しのセリフに滲ませることを意識しました。第27話からは遠くを見ているのだけれど、漠然とではなく常に明確に見ている感覚をもって。画の完成度も非常に高い状態でアフレコさせていただけていて、フィルムから熱量を受けとめながら、それをまた注ぎ込んでいけました。共演の皆さんは、何度もごいっしょしている方ばかりですけど、想像していたより重力を感じる現場でした。ブースに足を踏み入れると、ぐっと沈むような感覚があって。そこでもっていかれてはいけないので、なぜ自分がここに立っているのかということを自分につきつけながら演じました。でないと、あっさり倒されてしまう……。そんな雰囲気の現場でしたね。とはいえ、ひと息つくタイミングでは、とっても楽しい現場でもありましたけれどね。マモくんと紀章くんがじゃれあってボケたりツッコんだりしている横で、（宮本）充さんがホントの天然ボケをかましたり（笑）。

――太宰と中也はどんな2人だと感じましたか？

内田　2人とも、ある種の天才であるがゆえの孤独を抱えて生きているように見えました。静と動とか相対するイメージがあるものの、2人を見ていて思ったのは、それぞれまったく違う形をしているのに、光を当てたら映る影は同じなんじゃないかということです。あの宮野（真守）くんと谷山（紀章）くんがここまで繊細なエッジで人物を掘り下げているというのも、正直、「すげえな」って。怖いくらいに研ぎ澄まされていて、ここにたどり着くまでにいったい彼らはどのくらいのエネルギーをかけてきたんだろう。彼らって普段、愉快にわちゃわちゃしているじゃないですか。でも、2人の本質はまったく違うんだとあらためて思いましたね。なので、蘭堂としても僕としても、こいつらに対峙して、ぶっ壊してやろうという熱いものが沸々噴き出しました。

――最後に、シリーズファンの皆さんにメッセージをお願いします。

内田　この作品に参加することができて、本当にうれしいです。そして、「文豪ストレイドッグス」の世界に新たに加わった蘭堂というキャラクターを認めていただけるなら、よりうれしいです。またお目にかかれることを祈っています。

BUNGO STRAY DOGS

※ニュータイプ2019年6月号掲載のインタビューを再編集しました

朝霧カフカ 原作 × 榎戸洋司 シリーズ構成・脚本

不完全なる「王」と「自殺願望」

——「十五歳」編の原作である小説「太宰、中也、十五歳」。この物語はどんな想いから生まれたのでしょうか？

朝霧 中原中也みたいな男が何の軋轢《あつれき》もなくするっとポートマフィアに入ったということはないだろう、というところから、たぐりよせた物語です。中也ってこれまで過去とか心の内のようなものをほとんど見せていなくて、映画「文豪ストレイドッグス DEAD APPLE（デッドアップル）」で描いたのがほぼ初めてだったんですね。そんな彼の過去を描くということで、今の中也と断絶させないようにとても気を遣いました。15歳の彼は今と何が違うのだろう、というところから掘り下げて、現在につなげるための慎重さと見せ方の大胆さを両立させるべく、なかなか大変な執筆になりました。

榎戸 この小説を読んで、まず直感的に、アニメの原作として、「これ、いい！」と思いました。僕自身が朝霧先生の人柄や仕事の仕方を垣間見ているせいもあると思うんですけど、今、先生がおっしゃったみたいに、中也の立ち位置を探りつつ、本当に慎重に苦心されながら執筆されたのだろうなというのが、ものすごく伝わってきました（笑）。テクニックだけで描かれたものではない、初々しさがあるんです。この初々しさには、どんなに完成度を高めても到達できない輝きがある。少し失礼な言い方かもしれませんが、苦闘して執筆された、その苦闘具合が、すごくいい（笑）。

朝霧 なんかいろいろバレてますね（笑）。でも、たしかに榎戸さんは、これまでもよく話していましたね。初々しいかどうか、と……。

榎戸 初々しさは出そうと思って出せるものじゃなくて、気づいた時には、もう二度と出せなくなってしまっているものだから（笑）。この作品自体が青春だなって思うんですよね。具体的には、中也と「羊」の関係性がおもしろかった。それに今回の第3シーズンの後半に出てくる組織論のバリエーションになっている。ダメな組織ではあるのですが、たぶん中也と「羊」のメンバーにも蜜月時代があったと思うんですよ。「俺たちならどこまでもいける」って盛り上がった時期が。でも、結果的には失敗してしまう。「羊」のような組織は、基本的に上手くいかないものである、という朝霧先生の透徹した視線に共感しました。

——15歳の太宰と中也をどのようなイメージで描きましたか？

> 太宰と中也は最初は仲がよかったというパターンも
> 朝霧

朝霧 2人における若さってなんだろうと、ずっと考えながら書いていました。未成年であることのひとつの要素に不完全さがあると思うのですが、太宰という人間においてもそこを無視するわけにはいかないだろう、と。そうして太宰に関しては、今よりも剥き出しの感じを意識しました。才能はすでに完成しているのだけど、絶望が剥き出しで周りにまで刺さる危うさがある。一方、中也の不完全さは、戦う上での強さはあるし、心の強さも備えているけれど、社会や組織に相対した時に、必ずしも強いほうがいいとは限らないということに気づいていないところ。むしろ強いせいで問題が起きることも多くて、それが中也の若さかな、と。

榎戸 アニメに関しては、そんな2人の15歳感を、より際立たせることができれば、と考えました。中也はよりヤンキー度が高いというか（笑）、部下をどうしても大切にしてしまう。一方、太宰に関しては、実は今の彼とはだいぶ違うのではと解釈しました。15歳の太宰も22歳の太宰も、いつも「死にたい」と言っているけど、22歳の太宰の場合はどのくらい本気で言っているのか測りかねる部分があったんですよね。真相は太宰本人と朝霧先生にしかわからないことですが、ただ、今回の「十五歳」編に関しては、おそらく太宰の自殺願望は嘘でも冗談でもなく100パーセント本気だと思うんです。

朝霧 ああ、その通りですね。

榎戸 アニメではそこを強調するために、小説では中也がいろんな悪口で太宰を呼んでいたところを、「自殺願望」と固定して呼ばせています。そういう意味で「十五歳」編は「自殺願望」だった太宰がそうではなくなる話でもあるんですよね。

朝霧 それから、アフレコを見学させていただいた時に、五十嵐（卓哉）監督が年齢の枠で縛らない方向でディレクションをされていたのも印象的でした。なるほどと思ったのですが、でも、その上で宮野（真守）さんや谷山（紀章）さんのお芝居を聞いていても15歳の2人にものすごい少年感を感じまして。絶妙な透明感があって、すごかったですね。

——2人の始まりは、もともとイメージされていたものだったのでしょうか？

朝霧 実は当初、太宰と中也は最初は仲がよかったというパターンもあったんですよ。まだ小説を書く前にプロデューサーの倉兼（千晶）さんに、なんとか仲よくしようとするんだけど噛み合わない、みたいな構想を話したこともあって。ただ、実際に書こうとしてみると、もう最初から反発するしかない2人がそこにいて。鴎外の下で協力しようとするんだけど人格的に合わなくて、だんだん嫌いになっていく、みたいに考えても、こちらの意図を超えてバーンッと反発してしまったので、これはもうそのまま書くしかないな、と。そんなわけで、2人は出会って即、いつもの2人になりました。僕が決めたというより、2人の人格から必然的に導かれた始まりだったと思います。

——五十嵐監督は、2人を永遠に交わらない2本の線なのではと話していました。

朝霧　そうなんですよね。交わらないまま、戦闘に関するコンビネーションだけはメキメキ高まっていくという関係性になっていると思います。

榎戸　でも、大人の絆、というか友情って、意外にそういうものかも（笑）。

朝霧　たしかに（笑）。プライベートのことを何も知らなくても、仕事上の呼吸はどんどん合っていく、という。

榎戸　社会人になると、実は仕事がコミュニケーションツールなのだ、ということに気づきますよね（笑）。

——蘭堂というキャラクターにはどんな思いがありますか？

朝霧　中也の出自を描こうとした時に、その秘密を知る人物として立ち上がってきたのが蘭堂でした。この「文豪ストレイドッグス」の世界ではヨーロッパの異能力者はめちゃめちゃ強い、という不文律があって、その1人がいよいよ出てくる。太宰と中也が対峙するのにふさわしい相手として配しました。

榎戸　僕は今回の蘭堂という存在は、森鴎外と共に、15歳の中也が大人になるための父親役の1人なんだろうな、と解釈しました。過去の記憶がない中也にとって、その欠落の真相を求めるのが生きるアイデンティティになっていたのだけど、そこから救ってくれたのが蘭堂です。別に過去のことがわからなくても、君は今の君のままでいいと言ってくれた人。その言葉に中也が完全に納得したわけではないんだろうけれど、でも、そのあと中也が蘭堂の墓参りをしているのは、その言葉に少なからず救われた証なんじゃないかな。

——詩人アルチュール・ランボオをモチーフにされたのは？

朝霧　現実の中原中也さんはランボオに影響を受けた詩人の1人ですが、ランボオのことを調べていったら、彼と特別な関係にあった詩人ヴェルレーヌが描いたランボオの絵というのに行き当たりました。そのランボオが、中原さんと同じような帽子を被っていたんですよ。それを見て、これは！と。かなりの必然性を感じましたね。ランボオは、詩の世界観も生き方もかっこよく、ヴェルレーヌとの関係にも広がりがある。そんなところからインスピレーションを得て構築していきました。

——そして、クライマックスには、森鴎外という存在を中心に、組織の在り方が語られていきます。

朝霧　森さんによる「組織のボスは組織の奴隷」という考えは、実は「黒の時代」編で太宰にも語られているんですよね。森さんの言葉に対して中也は傅き、太宰はその考えから導いた結果を受けてポートマフィアを去る。いずれにしても、森さんとしては一貫していて、彼が目指すべきものというのは常に言葉にも表れています。

榎戸　僕が興味深いと感じたのは、組織のボスであることに挫折した中也が、ボスとは何かを鴎外に問い、納得したのち、すぐに傅くところですね。納得して新たなボスを目指すのではなく、傅く。ああ、もうボス役には興味がなくなったんだなって。

朝霧　（笑）。あれは内面を刻んでいくともっといろいろあるとは思うんですけど、でも、中也はそもそも「羊」の王もやりたいと思ってやっていたわけではない人だと思うので。

榎戸　そうですね。みんなにかつぎあげられちゃったんでしょうね（笑）。

——そんな中でも、中也なりに「羊」のメンバーたちに伝えていた「他人とは違う手札をもっている人間は、その責任を果たすべきだ」という言葉も印象的でした。

朝霧　実は責任感が強く、粗暴な口ぶりのわりにはしっかり物事を考えていて、仲間を大事にするので、その3点が揃ったら必然的に出てくる言葉かな、と。

榎戸　逆に、「羊」の白瀬たちのズルさが浮き彫りになりますよね。

朝霧　はい。その言葉を中也に言わせていた感じがありますね。

榎戸　アドラー心理学なんかでも言われていることですが、強さと弱さというのは、他者に接する時のツールとしては、同じものであると。強さは他人を支配するための道具になるけれど、実は弱さも同じように使うことができる。僕たちにはできないんですよ、と嘆くことによって、できる者にやらせる強制力が生まれる。そういう意味では、森鴎外とは違う意味で、中也も「羊」の奴隷だったのかもしれない。

朝霧　そうなんです。

榎戸　それでもボスになった以上、仲間は無条件に守るべきものだと思っている。つまりすごくいい奴なんだけど、それゆえに部下を切り捨てるという「覚悟」はなく、ラストの鴎外の言葉に衝撃を受ける、という構図ですね。

——第3シーズンはどんな展開を見せていくことになりますか？

朝霧　やはりフョードルの存在が大きいですね。「死の家の鼠」が台頭してくると、映像としてもまたかなり趣きの違う雰囲気になってくるのではないかと思うので、僕自身、とても楽しみにしています。

榎戸　「共喰い」編の大きな主題のひとつは組織論です。その主題のバリエーションとも言える、この「十五歳」編を描けたのは、第3シーズンの理想的なプレリュードになったと思います。今後の展開の見どころは、これは朝霧先生の原作の妙でもあるのですが、「死の家の鼠」を触媒にしながら、武装探偵社とポートマフィアのキャラの情念が、より深く掘り下げられていきます。おなじみのキャラの、新たな魅力に気づける展開になると思います。ところで、僕、いろいろ振り返っていて気づいたのですが、シリーズ構成としてすべての脚本を手がけて第3シーズンまで重ねたのは、初めての経験なんですよね。

朝霧　なんと、まあ。

榎戸　その第3シーズンが実現できたというのも、「DEAD APPLE（デッドアップル）」の興行の成功あってのことだったと思いますので、ファンの皆さんに感謝ですね。

朝霧　はい。それは原作にとっても、大きな力になっています。

森鴎外とは違う意味で、中也も「羊」の奴隷だったのかもしれない
榎戸

羅生門
芥川龍之介

ある日の暮方の事である。一人の下人が、羅生門の下で雨やみを待っていた。

る。羅生門が、朱雀大路にある以
は、この男のほかにも、雨やみをす
市女笠や揉烏帽子が、もう二三人
ありそうなものである。それが、この
のほかには誰もいない。何故かと
うと、この二三年、京都には、地震
か辻風とか火事とか饑饉とか云う
がつづいて起った。そこで洛中の
びれ方は一通りではない。旧記に
ると、仏像や仏具を打砕いて、その
がついたり、金銀の箔がついたり
木を、路ばたにつみ重ねて、薪の
に売っていたと云う事である。洛
がその始末であるから、羅生門

は、元より誰も捨
がなかった。する
果てたのをよい事
狐が棲む。盗人が
とうとうしまいには、
ない死人を、この
て、棄てて行くと
こそ出来た。そこ
見えなくなると、
と悪るがってこの
は足ぶみをしない
まったのである。

3rd SEASON
BUNGO STRAY DOGS

月下獣
中島敦

彼は殆ど本能的に「自分
は自分が思っている程、
自分ではないこと」を知っ
ていた。それから「頭は
間違うことがあっても、血
は間違わないものである

光と風と夢

人間失格
太宰治

恥の多い生涯を送って来ました。

自分には、人間の生活とい
ものが、見当つかないの
す。自分は東北の田舎に
れましたので、汽車をはじめ
見たのは、よほど大きくなっ
からでした。自分は停車場
ブリッジを、上って、降りて、
うしてそれが線路をまたぎ
えるために造られたものだ
いう事には全然気づかず、
だそれは停車場の構内を
国の遊戯場みたいに、複
に楽しく、ハイカラにするた

BUNGO STRAY DOGS

CHARACTER PROFILE

ヨコハマ組織勢力調査報告書

武装探偵社　ポートマフィア

死の家の鼠　新生組合《ギルド》

内務省異能特務課

武装探偵社

泉鏡花

CV 諸星すみれ

中島敦

CV 上村祐翔

太宰治

CV 宮野真守

能力名

夜叉白雪《やしゃしらゆき》

孤児であったがポートマフィアに拾われ、暗殺者となる。もう殺したくないと願っていたところ敦と出会い、武装探偵社に身を寄せる。三社戦争では身を挺してヨコハマを救った。高い戦闘力を持つ「夜叉白雪」を召還する異能力は、鏡花にとって母親から受け継いだ大切な存在。

PROFILE

最近ハマっていること：敦に作る料理の研究
誰にも負けないと思っていること：敦と探偵社への感謝
克服したいと思っていること：雷でびっくりしないようになりたい

能力名

月下獣《げっかじゅう》

孤児院を追い出され行き倒れる寸前に太宰と巡り合い、武装探偵社に入社する。仲間たちとの出会いや多くの戦いを経て、大切なものを守るという生きる目的を見いだし、そのためにさらに強くありたいと願う。虎に変身する異能力「月下獣」も、自在に制御できるようになった。

PROFILE

最近ハマっていること：給料の入った通帳のページを眺めること
誰にも負けないと思っていること：自分に自信がないのでそんなものはない
克服したいと思っていること：社会人らしい行動や常識を身につけたい

能力名

人間失格《にんげんしっかく》

かつてはポートマフィアの最年少幹部だったが、心を許した友だった織田作之助の遺言を契機に武装探偵社へ入社した。できれば美女との心中を望む、自殺愛好家。「人間失格」は、触れた相手の異能力を無効化する。森首領も見込んだ鋭い戦略眼で、常に先を見据えて行動する。

PROFILE

最近ハマっていること：Qの異能で狂乱した国木田の撮影映像を皆に見せること
誰にも負けないと思っていること：乱歩さんがいるので「誰にも負けない」は無い
克服したいと思っていること：全く皆無

宮沢賢治

CV
花倉洸幸

谷崎潤一郎

CV
豊永利行

国木田独歩

CV
細谷佳正

能力名

雨《あめ》ニモマケズ

イーハトーヴォ村で牛を追っていたが、福沢諭吉にスカウトされて武装探偵社に入社。明朗快活な性格で、敵勢力にも朗らかに接する。異能力は空腹時に発動、コンクリートも砕く人間離れした怪力を発揮し、かつ銃弾も跳ね返す頑強な肉体となる。

PROFILE

最近ハマっていること：壊滅させたギャングの人たちに農業を教えること
誰にも負けないと思っていること：自然を愛する心
克服したいと思っていること：パソコンを使えるようになりたいです

能力名

細雪《ささめゆき》

調査や張り込みなど、助手として働く社員。幻影を生む異能力「細雪」は汎用性の高さから「暗殺に向いている」とまで評される。常につきまとう妹のナオミには手を焼きながらも深く愛しており、彼女を傷つける者には容赦しない一面もある。

PROFILE

最近ハマっていること：ナオミと洋菓子屋めぐり
誰にも負けないと思っていること：恥ずかしくて言えないが、ある女性を信じ護ること
克服したいと思っていること：優柔不断さ

能力名

独歩吟客《どっぽぎんかく》

武装探偵社のリーダー的存在で、次期社長と目されている。やや堅物な性格だが、国木田の抱く理想は敵味方を問わず評価されている。表紙に「理想」と書かれた手帳に書き込んだ物体を実体化する異能力「独歩吟客」は、攻防いずれにも有効。

PROFILE

最近ハマっていること：増えた新人への教育
誰にも負けないと思っていること：計画立案能力と、それを完璧に遂行する情熱
克服したいと思っていること：時に計画を遂行できない己の不完全さ

隠密行動を得意とする谷崎の「細雪」でポートマフィアのビルへ侵入した際は、パーカーのフードを被った姿になっていた。普段とは異なった真っ赤なパーカーが、谷崎のスニーキングスタイルだ

それぞれの異能力は、福沢の異能力の影響と個々の成長によって応用が可能になっている。例えば独歩は、遠隔地にある手帳の切れ端の状況を感知し、触れていなくても能力を発動できるようになっている

賢治は異能力を用いれば、マフィアの銃弾も軽く弾くほど頑強な肉体となる。そしてその拳は地面を粉砕するほどの力を持つ。このパワーがあれば敵地へ乗り込んだとしても無双することができるだろう

与謝野晶子

CV 嶋村 侑

福沢諭吉

CV 小山力也

江戸川乱歩

CV 神谷浩史

能力名

君死給勿《きみしにたもうことなかれ》

武装探偵社の専属医。「君死給勿」でどんな傷も治すが、半死半生にならないと異能力が発動しない。探偵社の古参で、ポートマフィアの森首領とも過去に因縁がある。生死に対し敬虔な思いを抱くが、チェーンソーなどを武器に戦闘もこなす。

PROFILE

最近ハマっていること：解体した患者の内臓写真収集
誰にも負けないと思っていること：人体解体技術
克服したいと思っていること：死ぬしかない患者もできれば救いたい

能力名

人上人不造《ひとのうえにひとをつくらず》

武装探偵社の社長。実務は部下に任せているが、必要とあれば旧知の森首領と対決するなど前線にも出る。「人上人不造」は異能力の制御と出力を調整するもので、自分の部下にのみ発動する。かつては孤剣士・銀狼と呼ばれ、体術にも秀でる。

PROFILE

最近ハマっていること：碁会所に顔を出すこと
誰にも負けないと思っていること：部下の優秀さ
克服したいと思っていること：過去に起こした人斬りの過ち

能力名

超推理《ちょうすいり》

武装探偵社の看板たる人物で、「超推理」によって難事件を解決する。自分は異能力者と思っていたが、実は驚嘆すべき推理力を持つ一般人であった。社長として慕っている福沢が「共喰い」事件で倒れた際、かつてないほど取り乱した。

PROFILE

最近ハマっていること：鏡花に駄菓子のおいしさを布教する
誰にも負けないと思っていること：全部誰にも負けない
克服したいと思っていること：今の自分が完璧

ヨコハマの安寧を守る異能力者が集う武装探偵社

レンガ造りのビルの４階に、武装探偵社の事務所がある。福沢によって、乱歩が危機にさらされずに推理力を発揮できるよう、外敵を排除するために武装した探偵社として創設された。時には警察に頼られることもあり、ヨコハマの治安を維持する大切な存在となっている。

春野綺羅子

CV 美名

武装探偵社で福沢の秘書を務める。猫好きで、愛猫ミィちゃんを周囲が引くほど可愛がっている。明るく優しい女性だが、危機に屈しない気丈な面も併せ持つ。

谷崎ナオミ

CV 小見川千明

武装探偵社の事務員。谷崎潤一郎の妹でもあり、実兄を溺愛している。時には身を挺して兄をかばい、錯乱した敦に襲われても気にしないほど芯の強い少女。

喫茶うずまき

武装探偵社員たちに愛される憩の場

武装探偵社が入っているビルの１階で営業している喫茶店。珈琲の味と居心地のよさは比肩するものがないほどで、三社戦争後の探偵社員たちは連日、入り浸っていた。マスターは珈琲一筋30年の温厚な人物だが、犯罪組織ザアバルクの襲撃で爪を剥がされても口を割らない胆力の持ち主でもある。太宰からの心中の誘いにも応じない女給さんにくわえ、最近はルーシー・Mが働き始めた。

ルーシー・M

CV 花澤香菜

能力名

深淵《しんえん》の赤毛《あかげ》のアン

かつては組合の構成員だったが、三社戦争後は喫茶「うずまき」で働く。「アンの部屋」はウイルスに侵された福沢を隔離するなど、危急の際には今でも頼もしい異能力。敦には憎からぬ感情を抱いているようだ。

ポートマフィア

樋口一葉

CV 瀬戸麻沙美

芥川龍之介

CV 小野賢章

中原中也

CV 谷山紀章

森鴎外直轄の遊撃隊に属し、武闘組織・黒蜥蜴を指揮する。異能力を持たないため部下から軽んじられていた時期もあったが、想いを寄せる芥川の救出でみせた決死の行動から周囲も彼女の評価を改めた。銀が芥川の実妹と知った時は、「お義姉さん」と呼んでみるよう命じていた。

能力名

羅生門《らしょうもん》

貧民窟で育ち、太宰に拾われポートマフィアの一員となる。太宰には感謝と畏敬の念を抱き、認められようと努力を惜しまない。外套を黒獣化させる「羅生門」による殺戮が、生きる価値と思っている。強さを求め弱者には厳しいが、鏡花の生き様を認めるなど人間的な成長も遂げる。

PROFILE

最近ハマっていること：太宰さんの自宅捜し
誰にも負けないと思っていること：むしろ誰にも負けぬものが欲しい
克服したいと思っていること：宿敵たる人虎

能力名

汚《よご》れつちまつた悲《かな》しみに

ポートマフィア五大幹部の1人。15歳で太宰治と出会い、やがて双黒と呼ばれ恐れられる。性格は好戦的、重力を操る異能力を持ち戦闘力は抜群に高い。強力無比な「汚濁《おぢょく》」は、太宰との協力があることで使用できる。組織を抜けた太宰を嫌っているが、しばしば抜群のコンビネーションをみせる。

PROFILE

最近ハマっていること：自宅のワインセラーの品揃えの充実
誰にも負けないと思っていること：太宰を嫌う心
克服したいと思っていること：大型単車の購入時、一応足がつくか確かめるのをやめたい

夢野久作

CV 工藤晴香

能力名

ドグラ・マグラ

「Q」と呼ばれ、忌み嫌われる精神操作の異能力を持つことから、太宰に封印され座敷牢に閉じ込められていた。自らも、生まれながらに持つ異能力を嫌悪している。三社戦争時は組合に対抗するため解放されるが、組合に捕らえられ利用される。

梶井基次郎

CV 羽多野渉

能力名

檸檬爆弾《レモネード》

爆弾魔として指名手配されている構成員。「檸檬爆弾」は自分が檸檬型爆弾で傷つかない異能力であり、檸檬爆弾自体は自ら一個一個を手内職で作る。武装探偵社の襲撃に「檸檬花道」で対抗した。科学者を自称するが、その言動は奇矯だ。

尾崎紅葉

CV 小清水亜美

能力名

金色夜叉《こんじきやしゃ》

五大幹部の1人で、首領の森とも対等の口がきける古参。ポートマフィアに属していた頃から鏡花を可愛がり、武装探偵社に転向したあとも彼女なりの愛情で慈しんでいる。「金色夜叉」は鏡花の異能力同様に武装した夜叉を召喚して戦う。

夢野久作は6歳の時点からポートマフィアに出入りしていたようだ。近くを通りかかった太宰にしきりに「あそぼーよ」と話しかけていた。この頃から不気味な人形を抱えている

ポートマフィアを離反して武装探偵社へ入社した鏡花のことを、紅葉はそれでも愛おしく思っていたようだ。入社祝として鏡花の過去の記録を特務課から奪取した。それには紅葉の活動資金半年分という、高額な調査費がかかったようだ

ポートマフィアのビルエントランスであろうとおかまいなしに「檸檬花道」を咲かせる梶井の爆弾。爆弾を射出する機能のついたケースを開き、大量の檸檬爆弾をばら撒いた。科学実験のテーマは「花火を間近で見てみよう」とのこと

森鴎外

CV
宮本 充

エリス

CV
雨宮 天

能力名

ヰタ・セクスアリス

ポートマフィア首領。太宰を証人として先代の首領を殺害、現在の地位に就いた。常に最適解を求める「合理と論理の権化」であり、そのためには非情な手段も厭《いと》わない。武装探偵社設立以前の福沢とは、闇医者時代からの付き合いである。

森の異能力で出現する少女。森を「リンタロウ」と呼びつれない態度をとるが、森の「設定」によるもの。普段は森の用意した服を着ているが、異能力として戦う際は、エプロンドレスにナース帽という出で立ちになる。緊急時は森を抱えて上昇したり、巨大注射器で福沢を攻撃するなど攻防とも優れた能力を発揮する

PROFILE

最近ハマっていること：太宰勧誘作戦の立案
誰にも負けないと思っていること：合理と論理を求める組織運営術
克服したいと思っていること：エリスの服をつい買いすぎる

ヨコハマの暗部そのものを自認する凶悪組織

先代首領時代のポートマフィアは混乱が絶えなかったが、森が首領となってからはようやく統制された組織となった。森の術策で異能開業許可証を獲得し、異能力により街の政治や経済にも関与して勢力を広げた。森がウイルスの異能に倒れ、武装探偵社の襲撃を受けた際には数百人規模と思しき構成員が交戦したことからも、巨大な犯罪組織であることが実感できる。三社戦争時、武装探偵社とは利害が一致したため共闘したこともある。

銀

CV 夏川椎菜

立原道造

CV 林勇

広津柳浪

CV 斧アツシ

能力名

落椿《おちつばき》

死の家の鼠

罪の軛《くびき》より解き放たれ
魂の救われんことを

フョードル・D

CV
石田 彰

能力名

罪《つみ》と罰《ばつ》

PROFILE

年齢：不明　**身長**：不明　**体重**：不明
自分が思う長所と短所：長所　世界の幸福を願う心／短所　低血圧
好きなタイプ：人類を皆平等に愛す
座右の銘：この世に幸福を
今、欲しいもの：自分と同等の頭脳を持つお喋りの相手

「異能力のない世界」を望み 狡猾かつ残忍に、ヨコハマを蝕む

盗賊団「死の家の鼠」の頭目であり、自らの目的を達成するために、ヨコハマへと潜り込んでいる。虚弱な貧血体質を自称するように、華奢で虚ろな表情をしている。黒いマントと「ウシャンカ」と呼ばれるロシア帽が特徴的だ。彼の目的は「異能力のない世界」を創ることであり、書いたことが現実になるという「白紙の文学書」を探している。超人的な記憶力と先読み力を持ち、用意周到に計画を遂行していく。自らは安全な場所にいながら、標的を危機的状況に追い込むような謀略をしかける男で、「共喰い」も武装探偵社とポートマフィアを潰し合わせるための企てだった。異能力「罪と罰」の詳細は不明である。

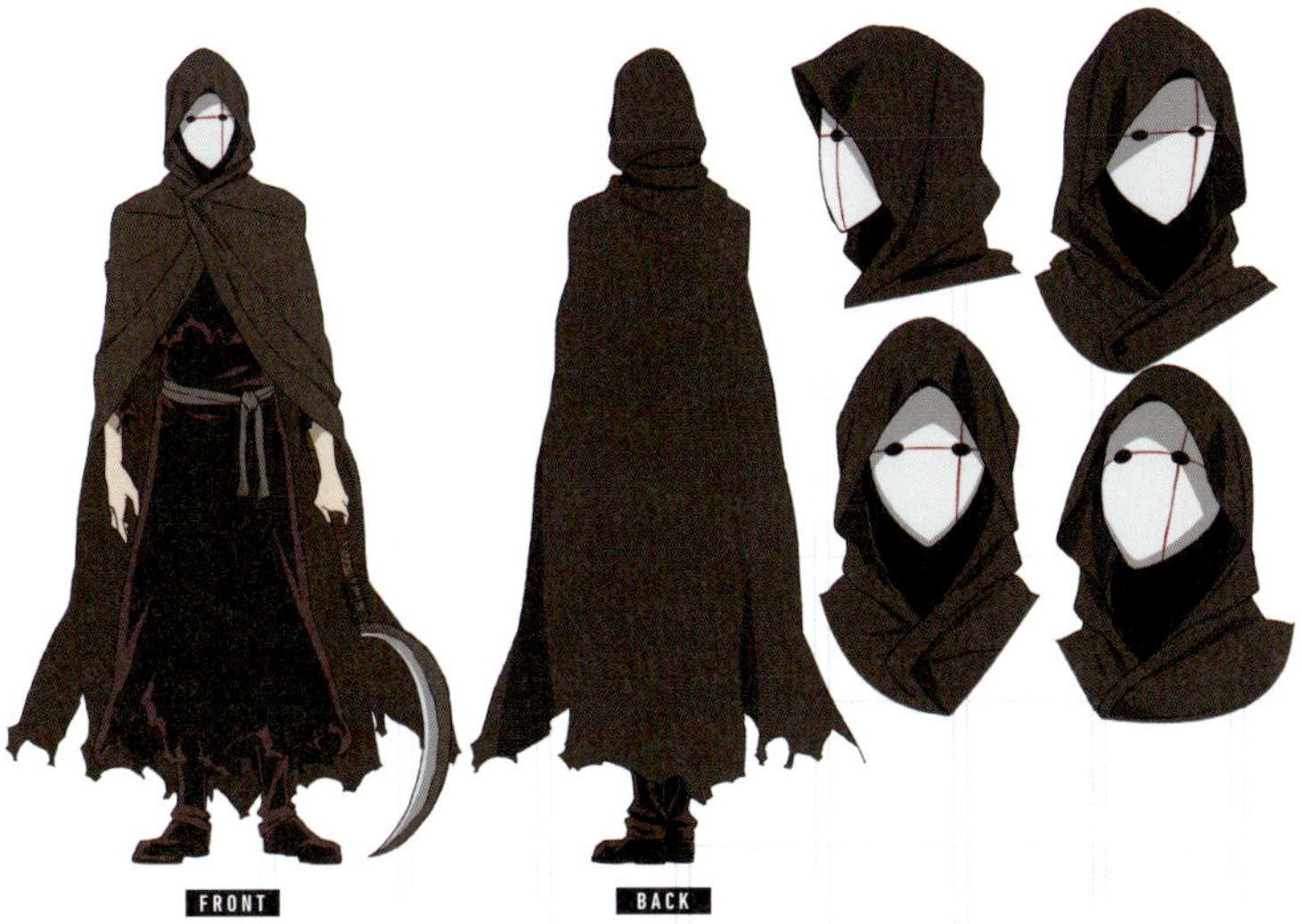

ナサニエル・H

CV 新垣樽助

敬虔な信徒であったが洗脳されて暗殺者に……

かつては組合に属していたが、共に戦ったマーガレットが意識不明となり、フランシスとも対立したため離反する。その後、フョードルに勧誘され、マーガレットを治療するという条件で一時的に協力関係となっていた。しかし、心を操られてしまい、仮面を付けた異能力者狩りとして手駒にされてしまう。かつて戦った芥川のことを忘れているなど、記憶も欠損している。手には首刈り鎌を持ち、異能力「緋文字」で血液を操って異能力者を襲う。

能力名
緋文字《ひもんじ》

プシュキン・A

CV 桐井大介

能力名
黒死病《こくしびょう》の時代《じだい》の饗宴《きょうえん》

強者を憎み、娯楽を求めるウイルス異能力の持ち主

「共喰い」のウイルスを感染させる異能力の持ち主。「死の家の鼠」の構成員であるが忠誠心はなく、娯楽のための道具であると言っている。自分のことを弱い人間だと認識しており、何をしても許されると思っている。何かを“持っている”人間は弱者へ施しを与える義務があると言い放ち、強者を恨んでいる。ウイルスの異能力「黒死病の時代の饗宴」は、感染した宿主2人を48時間後に殺す力を持ち、宿主の一方が死亡すれば解除される。

イワン・G

CV
鳥海浩輔

不幸を感じない
主に従順な侍従長

陶酔したような言動で主であるフョードルを盲信し、その命令には絶対服従する。顔の皮を剥げと言われればすぐに剥いで渡すと言ってしまうほどだ。長髪を靡《なび》かせるが、頭頂部には包帯を巻いている。彼曰く、フョードルの手によって、脳の不幸を感じる部位を削除されているらしい。フョードルを護衛し、重要な任務を賜ることを幸福としており、それを遂行することで主の役に立とうと、どんな命令にも従っている。異能力「断崖」は礫《れき》岩《がん》を自在に操ることができ、坑道という場所に敵を誘い込むことで、自らの異能力を十全に発揮させることができた。

能力名
断崖《だんがい》

ああ……実に幸福です

岩巨人は2つの腕と手のひらを合わせたような頭部を持つ。岩の拳や、地面から生える岩の腕で、敦と芥川を翻弄した。空中で礫岩を高速回転させて全方位を防御することも可能であり、自らに似せた土人形を生成して操ることもできる

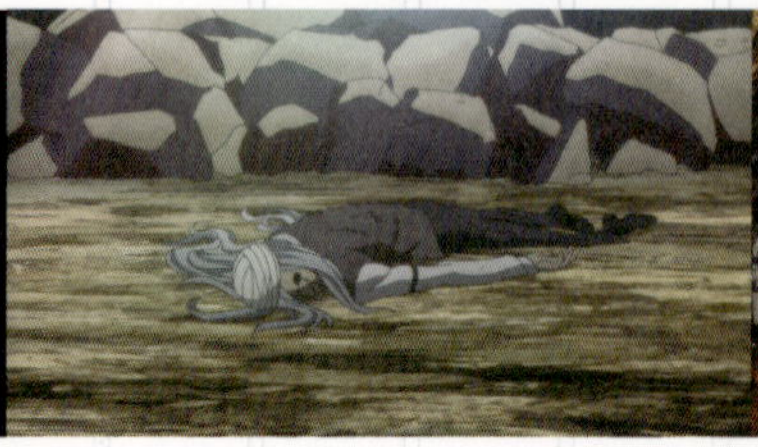

新生組合《ギルド》

フランシス・F

CV 櫻井孝宏

ルイーザ・A

CV 植田ひかる

能力名

華麗《かれい》なるフィッツジェラルド

異能力者集団・組合の団長で、「本」を手に入れるべくヨコハマにやって来たが三社戦争に敗れる。ルイーザと共に再起し、アイズオブゴッドを手に入れるなど再び勢力拡大の最中にある。「共喰い」事件では、いくつかの条件をもとにフョードル捕縛のため太宰に協力した。

能力名

若草物語《わかくさものがたり》

組合の徒弟として、「作戦参謀」の重責を担っていた。三社戦争後、行方不明だったフランシス・Fを捜しだし、再起を促す。異能力は情報をもとに未来を予測する、と思われているが、実態は個室で考え事をする時のみ時間の流れを8000分の1とする。極度の人見知り。

内務省異能特務課

坂口安吾

CV
福山 潤

BUNGO STRAY DOGS

異能力者を管轄する
異能特務課の
若き参事官補佐

丸眼鏡に口の上のホクロが特徴的な、スーツの男。異能特務課に属しながら、ポートマフィアや欧州の犯罪組織にも潜入捜査しているスパイでもあった。特務課では様々な事柄・人物の記録を残す仕事も行っている。太宰と中也がポートマフィアへ加入した際の事件や、鏡花が暗殺者として35人を殺した調査記録も安吾が書類を作っている。そういった書類作成仕事が多いからか徹夜をしてしまいがち。

能力名
堕落論《だらくろん》

内務省異能特務課は、表向きには存在していない政府の特務機関で、異能力者を監視し、その犯罪を取り締まる機能を持つ。また認可組織に対しては、長官である種田山頭火が「異能開業許可証」を発行する。これがあれば、異能力を合法的に扱って仕事をすることができる

文豪ストレイドッグス 第3シーズン ストーリーガイド

BUNGO STRAY DOGS
3rd SEASON
STORY COMMENTARY

第二十九話 咎与うるは神の業

第2シーズンOVA 第二十五話 独り歩む

第三十話 Slap the Stick & Addict

第三十一話 其の一 ヘルリス！/其の二 父の肖像

第三十二話 フィッツジェラルド・ライジング

第三十三話 仮面ノ暗殺者

第三十四話 共喰い（其の一）

第三十五話 共喰い（其の二）

第三十六話 共喰い（其の三）

第三十七話 回向（ECHO）

文豪ストレイ

BUNGO STRAY

黒の時代

４年前。太宰がポートマフィアの幹部だった頃、彼には心を許した友がいた。殺さずの誓いを立てた最下級構成員の織田作之助と、秘密情報員の坂口安吾だ。立場を超えた友情で結ばれた彼らは、行きつけのバーで語り合っていた。しかしある時、安吾が消息を絶ち、調査に入った織田作は、ミミックという欧州の犯罪組織に襲撃される。太宰は安吾を疑い、実際に安吾はポートマフィアを欺いていた二重スパイだった。彼らの友情は壊れ、さらに織田作は自らが養っていた孤児たちをミミックに殺される。喪失に打ちひしがれる織田作は、自分の死を覚悟して、敵地に赴く。同じく未来視の異能力を持つ敵のボス・ジイドと死闘を繰り広げ、相打ちとなる。最期は太宰に言葉を遺し、織田作は息を引き取った。

1st SEASON

孤児院を追い出され、ヨコハマを彷徨っていた中島敦は、入水自殺をしようとしていた奇妙な男、太宰治と出会う。「武装探偵社」の社員である太宰に連れられて「人喰い虎」の捜索に同行するが、自分こそが虎であり、異能力者だということを知る。入社試験を乗り越えて探偵社員となった敦だったが、何故か彼に70億もの懸賞金が懸けられ、それを狙うポートマフィアの芥川龍之介が執拗に追いかけてくる。その戦いの最中に、敦は暗殺者として利用されていた泉鏡花と出会う。芥川との死闘の末に、敦は鏡花を救い出した。ポートマフィアとの抗争が収まったかと思うと、今度は敦を狙って北米異能力者集団「組合」の団長フランシス・Fが現れる。彼こそ敦に賞金を懸けた張本人だった。

ストーリー
STORY

DEAD APPLE

奇妙な「異能力者連続自殺事件」を追う武装探偵社は、関連人物である澁澤龍彦を追うことになる。しかし街は突如濃霧に包まれると、街の人々が消え、敦たちは自らから分離した異能力に襲われる。その原因が澁澤の異能力だとわかり、敦と鏡花は拠点である骸砦に向かう。その骸砦では、不気味な白い服を纏う澁澤、太宰、フョードル・Dの３人が世界中の異能力を集めようとしていた。しかし彼らは偽りの協力関係であり、澁澤はフョードルに殺害される。澁澤自身は６年前の時点で死亡していたことが明らかとなり、フョードルによって〝龍〟が顕現するが、中也の力で抑え込まれる。しかし澁澤は特異点の力を与えられて復活する。その暴挙を止めるため、敦、芥川、鏡花の３人は、澁澤と対峙する。

ドッグス
DOGS

2nd SEASON

ヨコハマに上陸した組合の異能力者は強敵だった。武装探偵社もポートマフィアも全力で対処する必要が生じ、ここに三組織が入り交じる異能力戦争が勃発する。探偵社は隠れながら攻防の作戦を練り、ポートマフィアは精神操作の異能力を持つ「Q」を解き放つ。しかし、敦とQは組合に囚われてしまい、フランシスは目的のために、Qの異能力を用いた「ヨコハマ焼却作戦」を発動させる。敦はルーシー・Mの協力を得てなんとか組合の破壊行為を停止させることができた。甚大なダメージを受けたヨコハマの街を守るため、探偵社とポートマフィアは一時的な同盟を組むことになる。太宰と中原中也が再び連携して敵を倒し、そして白鯨《モビー・ディック》へ潜入した敦は、遭遇した芥川と共にフランシスへ挑む。

我が魂を懸けて
この完璧なる予定を熟《こな》してみせる！
国木田独歩

太宰が国木田の予定を崩すために呼んだのは、国木田の手帳の制作者、巨匠（マスター）カーライルだった。国木田は心が揺るぎかけたが、予定を優先することを太宰に伝える。伝説的な手帳職人の名前は、イギリスの歴史家・評論家のトーマス・カーライルに由来し、作家・国木田独歩が学生時代に多大な思想的な影響を受けた人物だ

第二十五話 独り歩む

【STAFF】
脚本：榎戸洋司
絵コンテ：内海紘子
演出：佐藤育郎
作画監督：徳岡紘平・服部聰志・新井伸浩

幸田文は幼いながらも正義感が強く、国木田を引きずって犯人を追おうとした。原作では「文」という名前しか出ていなかったが、アニメで氏名が判明した。その名前は、作家・幸田露伴の次女であり、作家の幸田文である

許さへん！あのスカポンタン！
幸田文

国木田が爆弾を投げたのは、元町・中華街駅の5番出口付近。高速道路の下にある中村川あたりだ。探偵社からの最寄りであり、元町商店街のすぐ傍だ

▲元町・中華街駅

【STORY】

とある朝、国木田独歩の手帳には当日のスケジュールがびっしりと書き込まれていた。それも超重要案件ばかり。「我が魂を懸けて、この完璧なる予定を熟してみせる！」国木田はそう高らかに宣言するが、太宰を始めとする武装探偵社の同僚たちは意に介さず、様々な雑用を頼もうとする。それらを振り切り、予定を遂行するため、電車に乗り込みホッと一息ついた、まさにその時、駅のホームで黒いフードの男が少女に旅行鞄を渡す光景が目に入った。無差別爆弾魔の噂を思い出し、電車から飛び降りた国木田は、少女から鞄を奪取し安全を確保する。それが、番狂わせの一日のスタートだった。

探偵社では重傷は無傷と一緒だ
国木田独歩

音響手榴弾の音をホームまで響かせ、買い物のため駅にいることがわかっていた与謝野晶子に自らの危機を報せることができた。重傷であればすぐ回復させられる与謝野の異能力だが、一度傷を負うことには変わりない。爆発を受ける覚悟は、並大抵のものではなかっただろう

アニメで追加された、中也の登場シーン。音響手榴弾の音で異変を感じ、周囲を探りに来ていたようだ。陰ながらスタンバイしていた中也は、電話で事の成り行きをポートマフィア本部に報告している

次期社長は国木田君しかいない
太宰治

アニメでの追加シーン。老舗の橘堂で湯豆腐を囲みながら、内務省異能特務課長官の種田山頭火は福沢諭吉に、探偵社の行く末を尋ねている。福沢は「もちろん私亡き後、社がどうあるべきかは考えています」と力強く応える

お前一人だけを苦しませたりしない
国木田独歩

幸田文《こうだあや》
CV 寿美菜子

駅のホームにて、桂正作から爆弾が仕掛けられている旅行鞄を、親切心から預かって車掌室まで届けようとして、爆弾魔事件に巻き込まれた少女。関西弁で話し、正義感が強い。自分に爆弾が仕掛けられた際には、助けてほしいと思いつつも健気に堪えている。なぜか初めから国木田を呼び捨てにする。

桂正作《かつらしょうさく》
CV 森田成一

２年前、違法爆薬を精製し校舎を爆破しようとして、国木田に逮捕されたことがある少年。その際に「逆境に折れるな」「強くあれ」「己を律し、正しきを成せ」という国木田の言葉が今でも頭にこびりついて離れないと訴える。その言葉を消したいがため、今回の事件を起こした。

自分でも判ってる
俺は全くついてない
酷い人生だ――
カルマ

原作では名前のない少年だった彼には「カルマ」という名前が与えられた。脚本を書いている段階で、原作者の朝霧カフカが付けたという。その意味は「業」だ

第二十九話 咎与《とがあた》うるは神の業《わざ》

森と五大幹部用の会議室でのエースの席位置は出口に近い末席だった。財力で幹部の地位を得た彼だったが、組織内での立場が窺われる。ちなみに首領の椅子の背もたれだけが紫色で、格の違いを象徴していると思われる

［STAFF］
脚本：榎戸洋司
絵コンテ：福田道生
演出：千葉大輔
作画監督：荻野美希・細川修平

エースの私設部隊のメンバーは皆、部下である証として首輪を装着している。これは本人の同意がなければ装着できないし、一度付ければ二度と外せない。エースは部下たちの命を掌握しているので、彼の思いのまま部下たちの寿命は宝石に変化させることができる

ぼくが貴方を殺します
フョードル・D

［STORY］

体をしっかりと拘束され、頭を布袋で覆われた男がポートマフィアに捕らえられていた。それは盗賊団「死の家の鼠《ねずみ》」の頭目・フョードル。彼は組合《ギルド》との闘争で白鯨《モビー・ディック》を墜落させた張本人だった。フョードルを誘拐屋に捕らえさせたのは、ポートマフィア五大幹部の1人・エース。賊に報復を与える役目を志願するが、そこには隠された思惑があった。フョードルは自らの処遇について、エースにトランプ勝負を持ち掛ける。果たして勝負の行方は――。

一方、下級構成員の少年カルマは囚われたフョードルの言動に気持ちを高ぶらせた。誰かが自分をエースから救ってくれるかもという、奇跡的願望を胸に抱いて。

五十嵐監督コメント

「榎戸（洋司）さんが『第29話を頼みます』と何度もおっしゃっていたんです。『共喰い』編が始まる前に、フョードルが活躍する回なので、榎戸さんの期待に応えるべく頑張りました。視聴者がフョードルの言動から、周りの登場人物達をミスリードするように、様々な手掛かりを映像の中に入れ込みました。最後にそのすべてがひっくり返るように（笑）」

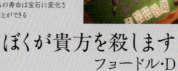

フォードルは自らの異能力について「意識と空間を操る」と語っているが、それはエースを騙すためのフェイクだった。さらには閉じ込められている部屋を異能空間だと勘違いさせるための準備をし、誘拐屋にも偽の異能力に関する情報を流していた

「悪」より暗く
おぞましい何か
カルマ

これを用い
この地の「悪」に死の救いを
フォードル・D

フォードルの目的は「ポートマフィア構成員の異能力リスト」を手に入れることだった。計画の全貌をカルマに明かすが、フォードルはカルマを異能力で殺してしまう。カルマにはそれは〝やっと訪れた救い〟だった。そして、倒れたカルマの首からは〝罪の軛〟が外れていた

カルマ

CV 入野自由

ポートマフィアの下級構成員で、エースの私設部隊の1人。物心つく前に人購いに売られ、流れ流れてエースの元で働くようになった。夢はポートマフィアの首領になることだったが、生き残るために自ら首輪を装着してしまい、エースの〝奴隷〟となってしまった。自分のような悪人を救う正義の味方はいないと思っている。

エース

CV 小野大輔

能力
宝石王《ほうせきおう》の乱心《らんしん》
首輪を着けた部下の寿命を、同価値の宝石へと変換する

ポートマフィア五大幹部の1人。元はポートマフィアのカジノを荒らしたギャンブラーで、多額の上納金を納めて現在の地位を獲得した。組織に対する忠誠心は皆無で、森の首を狙うためフォードルを自分の側につけようと試みる。50人の私設部隊を持ち、首輪を装着した彼らを奴隷のように扱っている。

組合の遺産目的にヨコハマへやってきた犯罪組織ザアパルクは、武装探偵社を過小に見て、周りで暴れれば彼らに恐怖を与え、組合の遺産の在処を教えるだろうとの単純な読みがあった。ヨコハマのことを知らないと恐ろしいことが起こる

大規模な戦闘直後でやる気を失っている探偵社員たち。太宰が雑誌の記事を見せてぼやくが、後にこの記事が原因で一つの事件が起こることになる

名前なんか売れても
煩わしい事が増えるだけだ
太宰治

［STAFF］
脚本：榎戸洋司
絵コンテ：蓮井隆弘
演出：蓮井隆弘
作画監督：荒木弥緒・アミサキリョウコ・小田真弓・武佐友紀子

第三十話 Slap the Stick & Addict

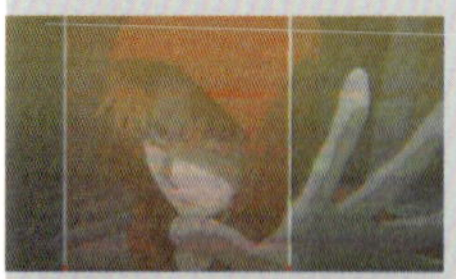

そう云えば
ギルドの残党って……
中島敦

サムネイル
CV 興津和幸

指名手配犯が寄り合った犯罪組織ザアパルクのリーダー。彼は標的の親指の爪を剥がすことから「サムネイル」と呼ばれている。

うずまき店長
CV 佐々木誠二

喫茶「うずまき」で珈琲を淹れ続ける寡黙で渋い男。珈琲一筋30年で、手を洗っても珈琲の匂いが取れないという。危険は珈琲の苦味と同じであると言ってのける。

組合の残党として、敦が見かけていたルーシーは、なんと喫茶「うずまき」で働くことになっていた。敦が見た「金属の箱」は出前用の岡持ちだったのだ。なぜ彼女が探偵社の近くで働くことになったのか、彼女の心境は複雑だ

［STORY］

組合《ギルド》戦を終え、その遺産を狙った海外組織が街に流入しているという噂がある中、国木田以外の武装探偵社のメンバーはいわゆる「燃え尽き症候群」に陥ってしまい、喫茶「うずまき」で無為に時を過ごしていた。だが、何者かに店が襲われて、探偵社社員は怒りをあらわにして敵地に赴いた。

一方、白鯨《モビー・ディック》の墜落を図った黒幕を追っていた国木田は、残された手掛かりを持って、敦と一緒に電網潜り《ハッカー》である田山花袋のアパートを訪れる。しかし花袋は恋煩いのため、異能力が使えないという。調査を進めたい国木田と敦は、花袋の恋の相手を捜し始めた。

五十嵐監督コメント

「武装探偵社の普段の生活はどんなものなのか。その空気感を描こうと思いました。僕と榎戸さんは“原作モノ”に関わる時、その原作の持つ雰囲気を大切にしています。原作で描かれている行間を繋ぐために、何がより良い方法かを自分なりに考え、その結論を絵コンテに込めます。『考えた上での結論は尊重する』と云うのが僕らチームの約束事なんです」

白鯨の制御端末に仕掛けられた、鼠マークのチップ。これの作用で、白鯨がヨコハマに墜落しそうになった。その黒幕を引きずり出すために、元探偵社員の花袋に調査させようとアパートを訪れる。彼と国木田は10年来の友人だ

芥川先輩が女性と逢引し、しかも共に自宅へ……
樋口一葉

儂は衝撃の出逢いをしたのじゃあかの『黒髪の撫子』と……
田山花袋

樋口は仕事帰りの芥川を偶然街で見かけたのだが、ただそれだけで彼女は仕事モードから乙女モードに変換される。いろいろ脳内での妄想が繰り広げられている中、芥川が黒髪の女性と一緒に帰るところを目撃してショックを受ける。ベッドの上で、頬がげっそりするほど落ち込む姿は、まさに恋する乙女だ

BUNGO STRAY DOGS

あうあうわ……
皆様、何故ここに?
銀

第三十話のタイトルの「Slap the Stick」は直訳すると「棒で打つ」という意味だが、「ドタバタ喜劇」というニュアンスにもかけている。タイトル後半の「Addict」は「大ファン」「中毒」という意味なので、花袋と樋口のそれぞれの恋煩いの状況を暗喩している

撫子は！儂が守る!!
田山花袋

樋口一葉
（コート姿）

銀（黒髪の撫子）
CV 夏川椎菜

花袋が惚れた黒髪の撫子の正体は、芥川の妹だった。そして彼女は、ポートマフィアの戦闘部隊・黒蜥蜴の銀なのだった。

芥川龍之介
（私服）

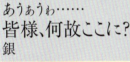

TAYAMA KATAI

田山花袋

CV 鈴村健一

蒲団の外は地獄じゃあ
美しきものは空の上
楽しげなるは海の底

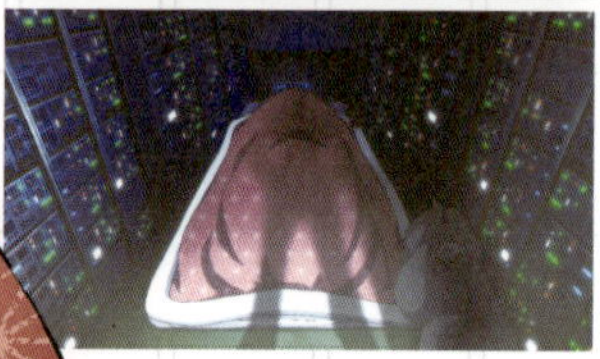

探偵社員だった時、事務所に蒲団を敷いて生活していたほどの究極の出不精である。1週間事務所に閉じ込められた際にも、出前を利用して平然と暮らしていた

有事が起こった時のため、花袋は自室の映像を記録していた。それを知っていた国木田は、花袋が行方不明になった時、壁の奥に仕込んであったカメラからフョードルに襲われたことを知った

本来、花袋は片思いの相手に自分の気持ちを伝える度胸がない。だが、「黒髪の撫子」への恋煩いを続けている限り異能力が使えない。国木田が調査を進められない現状を考慮して、花袋は意図的に恋文を渡し玉砕したのだった

蒲団の中で繊細に恋煩う引きこもりの電網潜り

凄腕の「電網潜り《ハッカー》」で武装探偵社の元社員。現在は古めかしいアパートの一室に引きこもっている。国木田とは10年来の付き合いで、親友である。探偵社へは国木田が入れたが、いつ抜けたかは不明である。ただ、探偵社を辞めた今でも、ポートマフィアなどの犯罪者を嫌悪している。

部屋はゴミ屋敷と呼べるほど悲惨な状態で、台所のシンクには食器が溜まり、部屋には何が入っているのかわからない大きなゴミ袋がいくつも置いてあり、足の踏み場もない。

自室の蒲団を「よしこ」と名付け、その中に閉じこもっているのが常である。その万年床の周囲にはPCが多数置いてある。

服装には頓着せず、無精ひげをはやし、いつも半纏《はんてん》を着ている。

女性と面と向かって話すのが不得手であり、どうしても話さなければならない時でも〝明後日の方向〟を向いて話すというくらいだ。街で見かけた「黒髪の撫子」に一目惚れし、その素性の調査を探偵社に依頼した。

文豪との関係

「蒲団」「少女病」「田舎教師」などで知られる作家・田山花袋は、国木田独歩と同学年である。日本における自然主義文学の先駆けとなった2人は、詩集の共同編集・刊行や、共同生活をしたことがあり、アニメ作中で描かれているように、お互いに尊敬の念を抱く親友であった。国木田独歩は臨終の際、「花袋は余の親友なり」という言葉を遺したほどである。国木田亡きあとも、花袋は彼との関係を作品の中に書き残している。

アニメで描かれている花袋の汚部屋には、日本酒の大吟醸の瓶がそこかしこに置いてあり、酒好きだと想像できる。これは著書「蒲団」の主人公、竹中時雄が既婚者でありながら女弟子に片思いをし、どうにもならない状況を憂い、酒を浴びるように飲んでいたことに由来するだろう。ちなみに花袋の著書「名張少女《おとめ》」にちなんで名づけられた日本酒が生産されている。

著作紹介

蒲団

著 ◉ 田山花袋

日本の自然主義文学を代表する作品のひとつ。また、日本特有の私小説の始まりとも言われる。実体験を基にして書き、1907年に発表された。主人公が女弟子の使用していた夜具に顔をうずめて匂いを嗅ぐ場面など赤裸々な表現で、世間に衝撃を与えた。

PROFILE

年齢：23歳　**身長**：175cm　**体重**：53kg
自分が思う長所と短所：長所　生活に金（交通費や交際費）がかからない／短所　ほっとくと着替えない
好きなタイプ：奥ゆかしく凜とした優しい女性
座右の銘：家の外は危険がいっぱい
今、欲しいもの：もっと高速の通信回線網

［能力］

蒲団《ふとん》

自分の視界内にある電子機器を触れずに操ることができ、処理速度は常人の数十倍になる。国木田からは「軍の電脳戦部隊にも匹敵する」と称されている。ただし、一番心安らぐ場所でなくては集中できないということで、異能力が発動するのは蒲団「よしこ」を被っている時のみだ。ただ、樋口が「黒髪の撫子」を街で追跡し始めた際、花袋は被っていた蒲団を放り投げて、その後を追いかけ、異能力を使って信号を急に変えることができた。

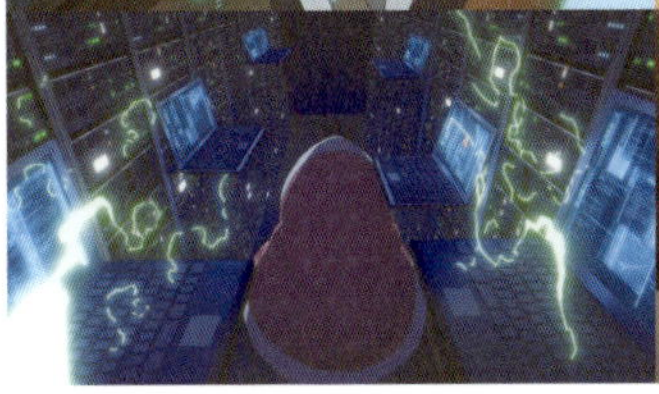

第三十一話 其の一 ヘルリス！

探偵社の社員となった鏡花と、喫茶「うずまき」で働くルーシーは敦を挟んで火花を散らす。ルーシーは敦に復讐を誓い、鏡花は「何かあれば先に刈り取る」と対抗する。「ヘルリス！」は作家・中島敦の小説「南島譚」から着想を得ている。パラオ地方では痴情に絡む女同士の諍いを「ヘルリス＝恋喧嘩」と名付けたという

鏡花への探偵依頼を手伝う敦と、邪魔するルーシー。争いながらも3人で依頼主の指定場所に行くと、入社祝と記された「調査報告書」が。そこには、鏡花の両親の職業と死の真相が書かれていた

大丈夫…何かあれば
先に刈り取る
泉鏡花

あの子の入社祝なら
安い購《か》い物じゃ
尾崎紅葉

[STAFF]
脚本：榎戸洋司
絵コンテ：浅井義之
演出：浅井義之
作画監督：徳岡紘平・服部聡志・菅野宏紀

鏡花の両親は要人暗殺を手掛け、恨みを持つ異能者に襲撃される。その時、母に命じられた夜叉白雪が鏡花を守った。夜叉白雪は親の仇ではなく、親の"愛"そのものだった

[STORY]

武装探偵社の社員が集う喫茶「うずまき」に、元組合《ギルド》のルーシーが住み込みで働き始めた。敦への復讐が目的だと聞いて、鏡花は殺気を漲《みなぎ》らせる。心当たりのない敦は戸惑うばかり。女同士が睨み合う中、鏡花へ探偵仕事の依頼が届く。それは、鏡花の幸せを願うある人物からの"入社祝"だった。

ある日、敦は乱歩から交通事故の調査を押しつけられる。現場に向かうと、被害者は敦のいた孤児院の院長だった。驚愕する敦に谷崎は事故のいきさつを語る。院長は敦を捜していたという。敦は、思いがけない院長の"真意"を知る。

五十嵐監督コメント

「僕はルーシーがこの作品のヒロインだと思っています（笑）。ルーシーは、敦の傍にいる鏡花が気に入らないんだけど、鏡花が母親のことを思っている時に、鈍感な敦を喫茶店の外に連れ出すという配慮ができる子なんです。度量が広い（笑）。ルーシー自身も辛い過去を背負っているからできることだと思うんです。だから彼女は僕の中では、とてもヒロイン度数が高いんです」

敦は院長に監禁され、虐待され続けた日々を思い返す。でも、それは敦が虎になって暴れたから。「私を憎め、決して己を憎むな」。院長の言葉が胸に響く。憎しみを超えて湧き上がる想い。敦は激しく混乱する

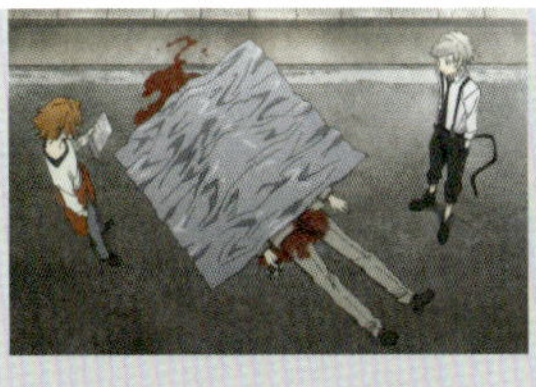

第三十一話 其の二 父の肖像

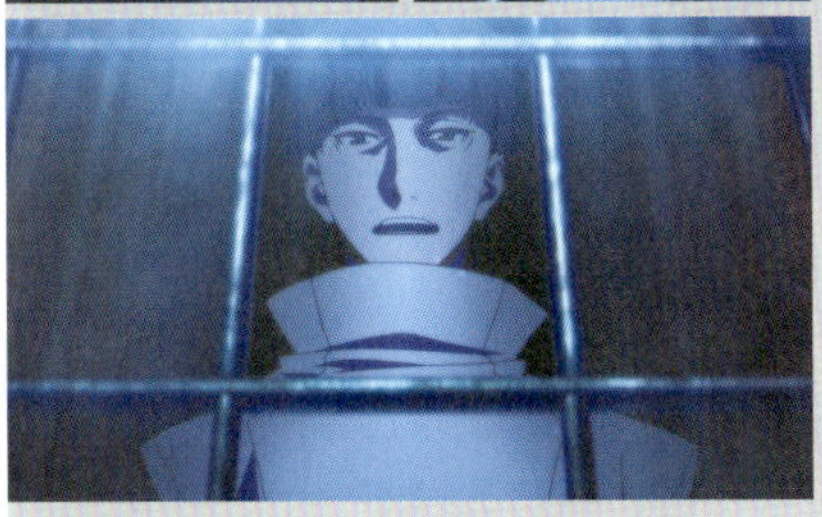

敦は乱歩に「困ったら花屋を探せ」と助言される。花屋で知った事実に、敦は打ちのめされる。院長は花束を買って敦を訪ねるつもりだった……。依頼書を見ただけで、ここまで見透かした乱歩の推理力には驚嘆する

BUNGO STRAY DOGS

この気持ちは何なんです?
中島敦

人は父親が死んだら泣くものだよ
太宰治

太宰は、院長が敦にした行為は、許されない蛮行だと断じながら、それでも、そこに慈しむ心があったことを伝える。いつもは巫山戯ている太宰だが、いざという時は、相手の心に寄り添い、的確な言葉でよりよい方向へ導いてくれる

院長
CV 中 博史

院長は敦に厳しく接していた。虎の異能力を制御できていなかった敦を縛り付けて。敦の憎しみが、院長自身へと向くようにして。

鏡花の父親
CV 遊佐浩二

鏡花の母親
CV 中村千絵

両親は政府の諜報員で、人を殺める暗殺者だった。鏡花の異能力「夜叉白雪」が両親を殺したと思っていたが、それは違った。

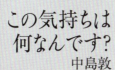

第三十二話
フィッツジェラルド・ライジング

[STAFF]
脚本：榎戸洋司
絵コンテ：福田道生
演出：佐藤育郎
作画監督：細川修平・荻野美希・武佐友紀子・荒木弥緒

タイトルにある"ライジング"は"起き上がる"という意味。一文無しになり貧民街でのホームレスにまで落ちたフランシスが、ルイーザの願いを叶えるため、新生組合を立ち上げていくストーリーを表している

貧民街で生活していたフランシスは文字通り一文無しになっていた。左手の薬指にはめていた、愛する妻との結婚指輪でさえも今はもう存在しない。白鯨から落下した際、その50万ドルの指輪が消費され異能力が発動し、自分を救ったのだとフランシスは話す

50セントでいい恵んでくれ……
フランシス・F

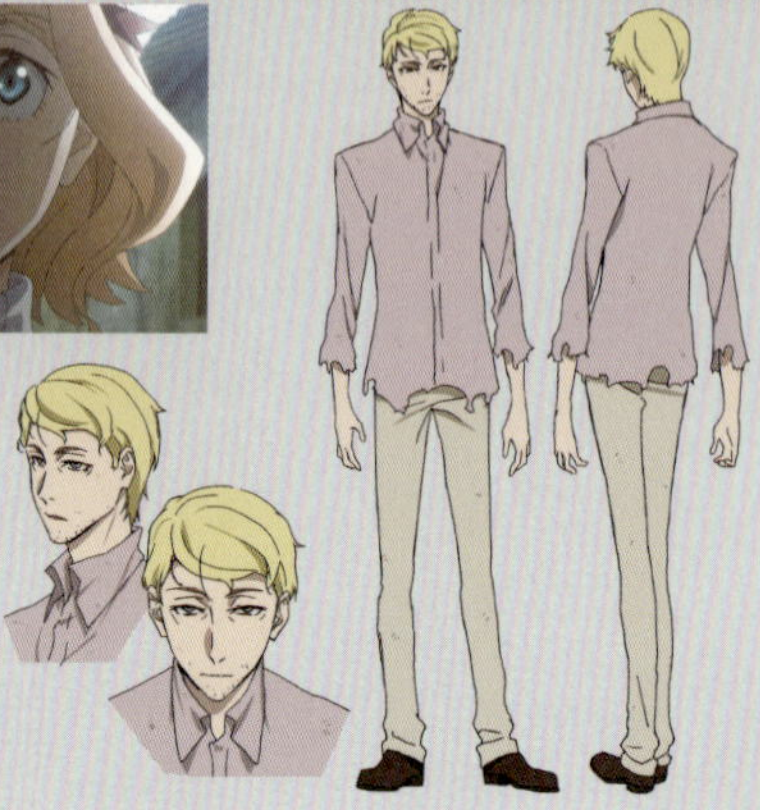

ならば——私のすべてを差し上げます!!
ルイーザ・A

[STORY]

ヨコハマの擂鉢街に、元組合《ギルド》・作戦参謀役のルイーザがいた。荒くれ者が集うスラムへなぜ彼女がいるのか。それは、ある人物を捜していたからだった。そんな時、薄汚れた男が小銭をせびってきた。彼女は「差し上げれば、願いを聞いて下さいますか?」と尋ねる。その男こそ、白鯨から海へと落下し、生きている可能性が低いと思われていたフランシスだった。

ルイーザはようやく捜し当てたかつての上司を説得し、どうにか新たな拠点を手に入れる。全く知らない庶民感覚に戸惑いつつもフランシスは瞬く間に金になりそうな事件に首を突っ込んでいく。ここから新生組合《ギルド》の躍進が始まる!

五十嵐監督コメント

「ルイーザとフランシスの関係はおもしろいですね。ルイーザは、奥さんを幸せにしようとしているフランシスに力を貸している。ギルドは最悪、この2人がいれば成立するんでしょうね。ルイーザはフランシスに縋っている様でいて、その思いや覚悟が半端なく強い。こういう人からの『私のすべてを差し上げます』と云う言葉は重いですね」

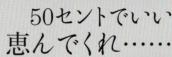

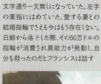

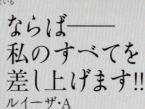

でも、犯人は博士じゃない
この会長だよ
江戸川乱歩

ルイーザの異能力「若草物語」は、予言に近い計画書を書く能力だと思われていた。しかし実際は、個室で考え事をする時にだけ時間の流れが8000分の1になる能力だと判明した。つまり、計画は彼女自身が考えていたのだ。そして、この力をルイーザは己のために使ったことが一度もないという

調達の一環として、フランシスは同僚殺しの罪を着せられたセキュリティ会社の天才エンジニア、エクルバーグに接触を図る。目的は、彼が作った人物識別システム「アイズオブゴッド」のコードを取得すること。「この事件を洗え」と指示されたルイーザは、自分で解決するのではなく、ポオを使い探偵社の乱歩に推理ゲームと称して、事件を解かせたのだった

お前が作った人物識別システム
『神の目《アイズ オブ ゴッド》』の
本体《コード》をよこせ
フランシス・F

そう……金こそ全てだ
フランシス・F

フランシスは金持ち生活に慣れ過ぎていて、金銭感覚がずれている。必要もないのに特売鍋を3つも買ったと、フランシスは誇らしげに話す。その後も特売チラシを見るなど、フランシスは節約生活をエンジョイし始めたようだ

ブキャナン
CV 鶴岡 聡

マナセット・セキュリティの会長。人物識別システムを悪用し、エクルバーグに殺人の罪を着せて罪を逃れようとしていた

エクルバーグ
CV 平川大輔

マナセット・セキュリティのエンジニアで、「神の目(アイズオブゴッド)」という、人物識別システムを開発した天才

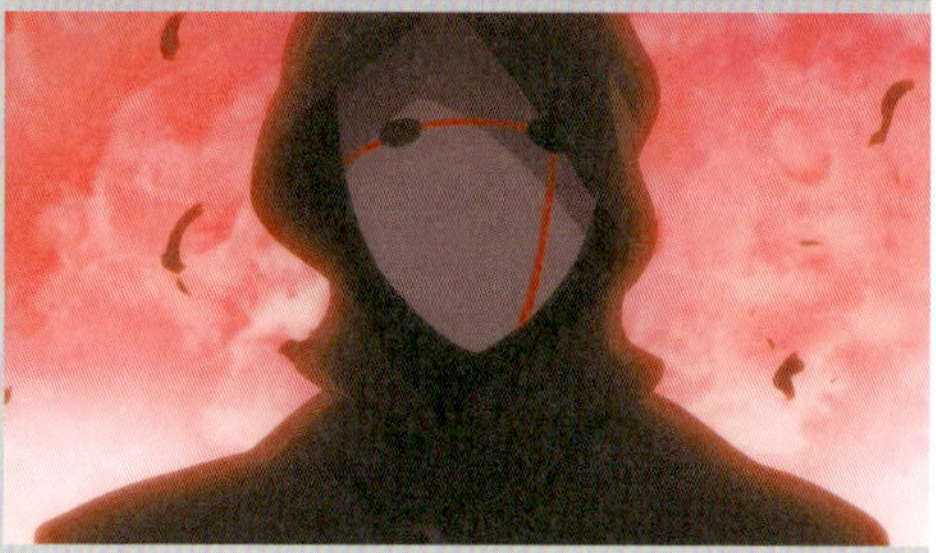

第三十三話 仮面ノ暗殺者

“常に先手が勝つ”
森鷗外

［STAFF］
脚本：榎戸洋司
絵コンテ：浅井義之
演出：千葉大輔
作画監督：阿部愛由美・小田真弓・服部聰志・菅野宏紀

フランシスから離反していたナサニエルの目的は「わが愛し君」すなわち自分をかばったマーガレットの復活にあった。そのためにフョードルと手を組み「仮面の男」として連続殺人も厭わないが、切なる願いを抱くナサニエルは洗脳され、フョードルに使い捨ての駒として利用された

社長が襲われたって本当ですか!?
中島敦

フョードルと仮面の暗殺者は、武装探偵社とポートマフィアの長を標的にする。福沢は地方裁判所前の裏路地で、森は元町ショッピングストリートで襲われた。フョードルの目的は「共喰い」の異能力を感染させるためであり、少しの傷をつけるだけでよかった。そのためにナサニエルを暗躍させ、用意周到に計画を練っていた

襲われた森を助け出したのは、彼の異能力であるエリスだった。危機に際しては少女らしからぬ機動力を見せる

［STORY］

深夜、仮面の男に襲われた福沢は、謎の症状によって意識不明となってしまう。相次ぐ襲撃事件にポートマフィアが動き出すが、首領《ボス》の森もフョードルに刺され、福沢と同じ症状で意識不明となる。

フョードルと接触した太宰は、福沢と森に「共喰い」の異能が寄生したことを告げられる。極小の異能生物が48時間で成長して宿主の体を食い破るが、その前にどちらかが死ねば異能は停止するという。

太宰も銃弾に倒れる絶体絶命の状況に国木田は苦悩するが、ポートマフィアはすでに福沢の入院する病院を包囲していた。一触即発の状態で、両陣営は睨み合う……！

五十嵐監督コメント

「『十五歳』編では『組織の長とは、組織の奴隷である』という話がありましたが、この話では部下から見た組織を描いています。『この組織は守るに値するのか』という事ですね。敢えて云うならポートマフィア構成員や武装探偵社員にとって、「組織」とは「上に立つ者の資質」と同義だと思うのです。その重要さを部下たちは認識している。組織は違えど、部下が考えていることは同じなんです」

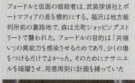

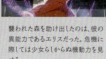

私が盛った毒は
“共喰い”の異能です
フョードル・D

フョードルの逃走経路を読み、先回りして待っていた太宰。劇場版である『DEAD APPLE』の公開後となるため、2人の〝再会〟では、太宰はリンゴをかじり、フョードルは「骸砦以来ですね」という追加がなされている

確かに人は皆
罪深くて愚かだ
だからいいんじゃあないか
太宰治

フョードルの目的は「異能力者のいない世界」を作ること。そのためには、書いたことが現実となる白紙の文学書が必要なのだ

順番に戦《や》るか それとも 全員一度に戦《や》るか
中原中也

意識不明となった福沢の傍から離れ「指示を出せ社長代理」と奮起を促す乱歩の凛とした口調に、国木田も発憤する。福沢の病室を固める武装探偵社の面々の最前列には賢治がいる。怪力の異能力は、中也をして「鬼札」と高く評価するものであった。自身の異能力を知悉した賢治は、福沢社長のため仲間のため、一歩前に立つ

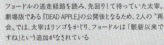

「規則《ルール》」を変えるしかない
江戸川乱歩

【STAFF】
脚本：榎戸洋司
絵コンテ：吉田泰三
演出：矢野孝典
作画監督：徳岡紘平・飯山菜保子・荻野美希・細川修平・荒木弥緒

第三十四話 共喰い（其の一）

過去に爆弾事件を起こし、独歩の信念を折ろうとした桂正作は、フョードルに囚われていた。優雅にチェロを弾きながら国木田の情報を引き出そうとするフョードルに、桂は「あの人の理想は本物だ」と言い放つ。しかしフョードルの奸計は狡猾で、ついに1人の少女の命が奪われてしまう

かつて敦は虎に変身する自身の能力を嫌悪した。だがポートマフィアや組合との死闘により「もう1人の自分」も自在に制御できるようになった。プシュキン追跡時は手足を虎と化して国木田に先んじて走り出し、飛んできた銃弾を口でくわえる離れ業を示した。福沢の異能力の影響と、敦自身の成長が窺える

よく聞け……君の兄さんは死なない
俺が殺させない。絶対にだ
国木田独歩

【STORY】

谷崎の異能力・細雪によって武装探偵社の面々は、福沢を伴いポートマフィアの包囲から逃れた。

事態を打開すべく、敦と国木田はウイルスの異能力者の居場所に向かうが、罪なき少年少女たちを犠牲に捕らえたのは、轢《ひ》き逃げ事件の目撃者に過ぎなかった。男は、フョードルから規則《ルール》の変更はできないという伝言を預かっていた。

ポートマフィアに囚われた谷崎は反撃に転じたものの首領の森暗殺に失敗、鏡花に救われる。

ルーシーの「アンの部屋」で眠る福沢は「ポートマフィアと戦ってはならぬ」と命じるが、乱歩は正面からの強行突破を決断していた。

五十嵐監督コメント

「フョードルの視点で考えると、2組織に潰し合いをさせるために邪魔な存在をまず排除したい。そこで標的にしたのが国木田独歩という訳です。国木田は人質を前にした時、誰かを救うのではなくて、全員救おうとする。それが彼にできる最良の答えなんです。フョードルは彼の「心」を折りにくる。精神攻撃で潰すというやり方を選択します。とても狡猾ですよね」

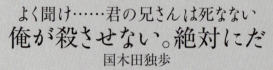

ポートマフィアと戦ってはならぬ……
福沢諭吉

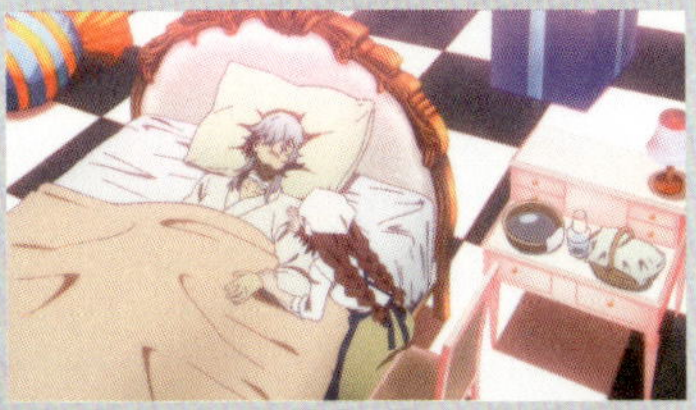

谷崎の救出に来た鏡花と対峙した紅葉。逃走した鏡花を追うがその声はかつての妹分を案じる慈愛に満ちており、銃撃する部下たちを五大幹部の威厳に満ちた「やめよ!」の一喝で制止した。「鏡花に当たるではないか」という呟きは、立場が変わっても紅葉が変わらぬ愛情を鏡花に注いでいる証しなのだ

「規則《ルール》」の変更は出来ません
フョードル・D

死者を出さないためには、ルールを変えるしかないと判断する乱歩。しかし、超推理でウイルス異能力者と結論づけたプシュキンは別人、その資料もダミーだった。超推理すら利用するフョードルに乱歩も珍しく守勢に立つ。フョードルの奸智は、乱歩をして強行突破策を採らざるを得なかった。乱歩が太宰を高く評価している点にも注目

ナオミに手を出せば……ゼンイン殺スゾ!!
谷崎潤一郎

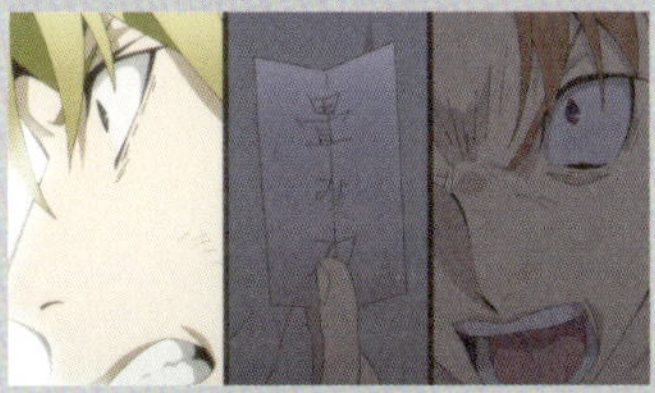

ポートマフィアの人質となった谷崎の、切り札。それが国木田の手帳の1ページだった。遠隔で独歩吟客を発動させ、谷崎を救う。手帳の状況を察知し発動させる力は、独歩の進歩を感じさせる。畳み刀を手にした谷崎は、細雪を駆使して広津ら黒蜥蜴を翻弄する。百戦錬磨の広津が谷崎の異能力を見て「恐ろしく暗殺に向いている」と畏怖したのも無理はない

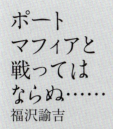

[STAFF]
脚本：榎戸洋司
絵コンテ：蓮井隆弘
演出：蓮井隆弘
作画監督：阿部愛由美・菅野宏紀・古賀美裕紀・徳岡紘平・高野恵子・小田真弓・服部聰志

第三十五話 共喰い（其の二）

与謝野は森のことを「森医師」と呼び、過去に何か因縁がある様子。さらりと言ってのけているが、あの闇医者と関わりがあるのであれば、並大抵の因縁ではないことを想像させる

名探偵に不可能はない
江戸川乱歩

乱歩は中也のことを「素敵帽子君」と呼ぶ。彼の推理では中也がいると勝率が下がるということだが、自ら敵地に赴いていく乱歩の覚悟を感じさせる

しかし！「規則《ルール》」を破ればまた無辜の民が死ぬ！
国木田独歩

乱歩が「最も高潔で鋭い」と評したように、国木田の正義感は強い。だからこそフョードルは彼を精神的に壊そうとした。戦うか、退くかで葛藤した国木田だが、黒幕の居場所を掴むべく行動を開始する。戦うよりも、福沢や仲間たちを救うことで手榴弾に散った少女を弔う——これが国木田の選択であった

[STORY]

残された時間内で、ウイルス異能力者の捕縛は不可能と結論づけた乱歩は、命令違反を承知でポートマフィアと戦うか、退くかの選択を社員たちに迫る。戦うと決めたのは乱歩、谷崎、与謝野、鏡花、賢治たち。敦と国木田は、花袋の調査からフョードルを追うことを決断した。

しかし、敦と国木田がアパートを訪れても蒲団に花袋の姿はない。残された映像には、フョードルに射殺される花袋が映っていた。

ポートマフィアビルでは両陣営が死闘を展開していたが、花袋の死を知った福沢は「アンの部屋」を出る。福沢が向かった洋館には、ポートマフィアの森首領の姿もあった——。

五十嵐監督コメント

「檸檬花道のシーンは、榎戸さんから『作画でできる？』と質問がありました。今回は作画さんのアイデアとデジタルを使って、上手く表現できたと思います。ここでは更に岩崎（琢）さんの音楽が演出を後押ししてくれました。印象的なシーンになったと思います」

だが理由なら想像がつく
我等を守る為だ
広津柳浪

首領の森が病床からいなくなったと知るや、すぐに状況を理解する広津は古株だけのことはある。地下密室からの消失に「探偵でも呼ぶか」との冗談はさすがに樋口もたしなめるが、広津の貫禄と余裕を物語るものでもある。なお「アンの部屋」を出る際の福沢は、シナリオでは「(小さい声で)……世話になった」とルーシーに礼を言う。一方で、病院にいる太宰は「彼の人」……伝説の異能力者・夏目漱石について考えを巡らせていた

こう云う時……
彼《あ》の人なら如何《どう》するかな
太宰治

中也の異能力が強力であるとわかっている乱歩は、ポオの異能力を借りて、共に「異能力が使えない小説世界」へ行くという手段を取った。ただこれは、探偵社側も乱歩の超推理を失うという、捨て身の作戦となった

……私はもう
貴方の知る私じゃない
泉鏡花

自在に夜叉白雪を操れるようになった鏡花と、さらに黒獣を操れるようになっている芥川の再会。強さを増した両者の戦いは、技の繰り出し合いとなる。相手の裏をかく鏡花と、能力を応用する芥川。2人の成長が窺える

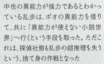

旧き友の因縁

福沢諭吉と森鴎外

お互い守るものが増えましたな
——森鴎外

我等が一対一で決闘し、敗者の死を以て共喰いを止める
——福沢諭吉

奇《あや》しき縁で結ばれたヨコハマの顔役たち

ウイルスの異能力に侵された福沢と森が、部下に行き先も告げず姿を消した。福沢にとって組織戦となることは想定外であり、森としても避けたい事態だったはず。ならば、トップ同士によって終止符を打つしかない……。それを行う場所は秘匿性を鑑みても、初めての共闘の場となった、今では廃墟となった洋館しかない。2人は申し合わせることなく、共に相手が待っていると確信して因縁の地へ足を運んだ。

ヨコハマを代表する善と悪の組織、立場は違えど長年の付き合いでお互いの考えはブレることなくわかっていた。そしてまた、どちらかが死ぬこともわかっていたが、それは自分ではない、という点でも2人の思いは一致していたに違いない。

共闘すれば無敵だった福沢と森、最後となる一騎打ちは、伝説の異能力者、夏目漱石の登場を促した……。

銀狼と呼ばれた剣士

森によって、福沢の過去が政府最強の暗殺剣士と語られる。福沢はかつて音速の抜刀で孤剣士・銀狼の二つ名で恐れられていた。その任を解かれてからは用心棒をしていたが、漱石とのめぐりあいや森の警護を経て武装探偵社を設立したのである。剣の道を退いてもその腕前は衰えず、素手の格闘術にも長けている。

だから私は、夏目先生の三刻構想に乗ります
——森鷗外

ダイヤとダイヤ

漱石の指示で、「闇医者」森の「用心棒」を任された福沢。どんな黒社会の患者も診る森には、裏の情報も流れてきていた。もちろん、ヨコハマに入ってくる外界の無法者の情報も。福沢と森に共通しているのは、ヨコハマという街を愛しているということ。漱石が2人を引き合わせたのは、彼らがヨコハマの均衡を保つために重要だとわかっていたからなのだ。

これが三刻構想の終焉だ……
——福沢諭吉

彼女こそ彼の最適解

森が「エリスちゃん」と呼んで溺愛する少女は、異能力「ヰタ・セクスアリス」が生み出していた。車を爆破された際は森を掴んで空中に脱出、福沢との戦いでは注射器を投擲するなど身体能力はきわめて高い。福沢に斬られて消滅しても、後日復活していた。森は常にエリスを帯同させているため、自ら異能力名を口にしてエリスを出現させるのは福沢との対決時が初めてとなる。

儂が見込んだ御前等の組織じゃ。鼠如きが食い荒らせるモノではない。
夏目漱石

猫が届けたのは花袋が突き止めていた敵のアジトのデータだった。花袋もまた"よしこ"ではない防弾蒲団でフョードルの凶弾を防ぎ、難を脱していた。この防弾蒲団の説明はアニメで足された設定だ。色も柄も違うことに注目。そして花袋を助けたのも猫――漱石だった

第三十六話 共喰い(其の三)

漱石が呈していた「三刻構想」とは、大戦後の混迷に均衡をもたらす考え。即ち、昼を軍警と特務課が、夜をポートマフィアが、そして昼と夜のあわい、薄暮を探偵社が担い、街の均衡を保つということだ。福沢と森にも働きかけ、この構想を実現した漱石は、表舞台から去り、隠居していた。しかし"鼠"の奸計で争うことになってしまった状況を見かねて、ついに姿を現したのだ

組合戦終盤において、ようやく太宰に「強くなったね」との言葉をもらえた芥川だが、4年ぶりとなる直下の作戦に並々ならぬ闘志を燃やす。敦に話しかけられても「ああ」としか応えない様はなにやら微笑ましいが、芥川にとっては4年間望み続けた好機となる

ああ。
芥川龍之介

僕と協力して闘う気か？
中島敦

[STAFF]
脚本：榎戸洋司
絵コンテ：浅井義之
演出：佐藤育郎
作画監督：阿部愛由美・荒木弥緒・飯山菜保子・荻野美希・細川修平・武佐友紀子

[STORY]

因縁の地である、今は廃墟となった洋館で戦う福沢と森。トップ同士の戦いで争いに終止符を打つためだ。そこに、花袋を伴って現れる伝説の異能力者・夏目漱石。

2人の長が生死不明の時のみ、黒幕は状況確認のためアジトに留まるとの漱石からの示唆に、敦と芥川の共同作戦が実現する。炭鉱に潜入、アジトをめざす敦と芥川。見張りの男、48番と49番を拘束して尋問する芥川だが、2人は何も知らない。

花袋がウイルス異能者プシュキンの居場所を突き止めるが、それは見張り48番であった。逃走するプシュキンを追う敦らだが、芥川にウイルスの異能紋章が浮かび上がる……。

五十嵐監督コメント

「福沢と森が闘う場所は、彼等が過去に初めて共闘した場所です。第36話は回想シーンと現実のシーンが入り混じる構成になるので、時間軸の違いを色彩の違いで表現しています。基本的には青い世界と赤い世界、紫の世界があって。紫の世界は朝を表現していて、だんだんノーマル（基本色）に近付いていく。最後は現代の夕景になるという流れです」

組合との戦いで、敦と芥川を組ませた太宰。その真意は「間もなく来る本当の災厄」すなわちフョードルの跳梁に備えるためであった。前衛を敦、後衛を芥川との構想も当初からのもので、このアジト潜入は太宰にとって満を持した新たな双黒の投入であった。この2人の連携を信じているのが、2人を最もよく知る太宰なのだ

恙《つつが》なく、共喰いは終わりそうですか?

フョードル・D

この作戦、僕《やつがれ》の優質を太宰さんに証す 四年越しの好機《チャンス》

芥川龍之介

BUNGO STRAY DOGS

芥川からウイルス異能者の居所を突き止めるよう依頼された花袋は、親指を立てて「しばし待たれよ、兄上殿!」とやる気満々。芥川は「誰が兄上殿だ、殺すぞ」と物騒だが、花袋はたちまちプシュキンの居場所を突き止める。コミカルなシーンながら花袋がいまだ銀のことを想っている証しであると同時に、告白と玉砕は仕事のためであったと再認識できる

敦から、太宰に捨てられるのも当然だ、との指摘に心乱れながらも「そうだな」と認める芥川。敦は「地雷」を踏んだとうろたえるが、芥川もこれまでの戦いで成長していたのだ。セリフが「……ああ」から「そうだな」に変更されており、より芥川の心情に近づいたものとなっている

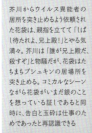

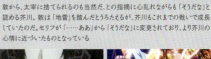

NATSUME SOUSEKI

夏目漱石

CV
大塚芳忠

能力名 —— 吾輩は猫である

太宰曰く「万物を見抜く最強の異能力」らしいが、詳細は不明。三毛猫に姿を変えることができる。

隠居爺には楽をさせろ！
何の為に御前等に
街を任せたと思っている！

殺し屋だった織田作に小説を渡し、殺しをやめるよう説いた。小説を書くという目標が、織田作の救いとなった

フョードルが潜んでいるアジトを福沢と森に告げた漱石。2人の長が生死不明であることが好機であると説いた

猫の周りから光が差すと大爆発が起こった。この爆発の力も漱石の能力なのだろうか

ヨコハマのすべてを知る伝説の異能力者

居場所が掴めず神出鬼没の老紳士。手杖《しゅじょう》を携え山高帽をかぶり、薄く口髭を生やしている。政府と黒社会の両方に通じており、「三刻構想」をはじめとする、ヨコハマを巡る事柄に深く関わっている人物である。ヨコハマの地をすべて知る、とも言われている。

12年前、福沢に「異能開業許可証」取得の助力を求められ、特務課に口利きをした。それと同時期に漱石は武装探偵社創業の準備をしている福沢に、森と共闘するように指示している。それが、漱石の考える、軍警と異能特務課、武装探偵社、ポートマフィアがヨコハマの均衡を保つという「三刻構想」の始まりだった。これが実現したあとは隠居し、姿を眩《くら》ませていた。

隠居後は猫の姿となる異能力を用いて、趨勢を見守っていた。バー・ルパンにも訪れ、太宰には〝先生〟と呼ばれていた。その後も重大な事件を察知するとそこへと赴き、未然に防いでいたようだ。今回の「共喰い」に際しても暗躍していた。

文豪との関係

「夏目先生」とアニメ作中で福沢諭吉と森鴎外から慕われるのは、漱石が10代の頃から教職についていたからと思われる。帽子や杖、髭を生やしているというモダンな風貌は、漱石が2年間留学していたイギリスの影響があるからなのだろう。

漱石は、作家としてはスタートが遅く、40歳の時教職をやめ、新聞社に就職する。しかしその3年後に胃を患い、療養生活を始める。このことから、外見は若いが隠居生活を送っているという設定になったと考えられる。

引退したと言いながら武装探偵社の春野綺羅子の飼い猫として様子を見、いざという時には入院中の太宰治にチップを埋め込んだ煮干しを渡したり、探偵社社員ではもうない田山花袋がフョードルから襲われる前にスタンバイしていたり、と第三者的な視点でずっとみんなの側にいる——。「吾輩」の視点に通じるものがある。

著作紹介

吾輩は猫である

著◉夏目漱石

1905年に発表された漱石の処女作で最初の長編小説。中学教師の珍野苦沙弥に飼われる名前のない猫「吾輩」の視点で、珍野一家とその周りの人々の人間模様を描いている。ユーモアや風刺を交え、猫に託して展開される人間社会への痛烈な批判が特徴だ。

あらゆる場所で猫は見ていた

三毛猫に姿を変え、漱石は様々な場所に現れていた。自らを隠居爺と言っているが、ヨコハマの街で起きている重要な出来事を察知し、見守っていたようだ。いつからかは定かではないが、武装探偵社の事務員である春野綺羅子の飼い猫となり、「ミィちゃん」として暮らしていたようだ。だが、時折ふらりといなくなっていた。それは偶然にも市庁舎の爆破未遂事件や軍の不正発覚事件の時期に重なり、未然に防がれていた……。

七年前

「十五歳」のエピソードを見てみると、鴎外の診療所や太宰が赴いた擂鉢街に三毛猫の姿が確認できる。まだどこにも属していない太宰のことを案じていたのだろうか。

四年前

太宰、織田作、安吾が集っていたバー・ルパンにも、三毛猫は常連だったようで、「先生」と呼ばれて親しまれていた。そして、ポートマフィアを離れた太宰が異能特務課の種田と会う場面にも、三毛猫の姿がある。

そして現在

春野の飼い猫としてのんびり暮らしている様子だったが、「共喰い」の発生に際しては住処を抜け出し、裏で情報を集めていた。花袋と連絡を取り敵のアジトを見つけ出すと、その情報を太宰へと届けていた。

第三十七話 ECHO 回向

坑道からの脱出を監視する太宰。次々と人や車が出てくるが、太宰はことごとく囮と判断して無視を命じる。太宰は1人の登山客を確保させるが、彼は手枷と手榴弾で脅されていた登山客だった。太宰が判断ミスを犯す珍しい例だが、ここからさらにもう一手を打てるのが太宰治という男の凄みである

ああ……幸福です
イワン・G

[STAFF]
脚本：榎戸洋司
絵コンテ：五十嵐卓哉
演出：五十嵐卓哉
作画監督：徳岡紘平・服部聰志・荻野美希・細川修平・荒木弥緒・飯山菜保子・古賀美裕紀・阿部愛由美・菅野宏紀・新井伸浩

思考するな
愚図はただ走れ
芥川龍之介

トロッコで逃げるプシュキンを、敦は手足を虎と化し芥川を乗せて追跡する。シナリオには、「芥川は（操縦してるつもりで）敦の耳を掴む。芥川『避けろ、左だ』　敦『いだだだ、そこはハンドルじゃない！』」という掛け合いが記されているが、アフレコ台本では放映されたセリフに変更された

黙って乗ってろ
無賃乗車！
中島敦

[STORY]

プシュキンを追う敦と芥川の前に、フョードルを崇拝するイワンが立ちはだかる。敦と芥川もウイルスに感染する大苦戦となるが、「月下獣羅生門」により辛うじて勝利する。

プシュキンは坑道を出たところを武装探偵社とポートマフィアらに捕まり、福沢と森が同時に放つ渾身の拳を受けるのであった。

一方、太宰はフョードルの脱出を監視していたが、すべての読みが外れてしまう。フョードルはアジトを訪れてすらいなかった……。

所変わって、喫茶店で紅茶を楽しむフョードルの前に現れたのは、太宰とフランシス・F。ついに魔人捕縛の時が訪れた――。

五十嵐監督コメント

「絵コンテをあげた時は「これ終わりますか？」とプロデューサーから言われましたし、新井（伸浩）さん（総作画監督）も『ドキドキした』とおっしゃっていました（笑）。正直に言うと、前話数である第36話の制作が終わった時に、スタッフの顔を見て「ああ、このスタッフとなら作品をちゃんと畳めるな」と勝手に感じていたんです（笑）。頼もしいスタッフのおかげで完成し、皆さんに送り届ける事ができました」

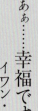

そりゃ判るさ
お前と何度殺し合った
と思ってる
中島敦

当然だ　何度貴様と殺し合ったと思っている
芥川龍之介

白虎と黒獣、阿吽の攻撃

敦と芥川は、憎み合い、死闘を繰り広げてきた。敵対した故にわかり合える、阿吽の呼吸があった。敦と芥川は同時に岩巨人に突進する。羅生門が炸裂、敦が黒布を足場にイワンに迫る！　敦に気を取られたイワンの胸を羅生門が貫いた。敦と芥川の勝利に見えたが……。倒したのはイワンの土人形だった。敦と芥川は共にウイルスに感染し、高熱と目眩で直立も困難な状態に

僕《やつがれ》が禍狗なら貴様は迷い犬だな
これが解決方法だ……
貴様なりに足掻いて答えを出してみろ!
芥川龍之介

月下獣羅生門

敦が芥川の黒衣を纏う

ゲル状化した地面に沈む敦と芥川。絶体絶命の中、芥川は敦に問う。敦を脅かす院長は死んだ。なのに何故、闘うのかと。「死んでないよ……」と敦。院長の肉体は滅んだが、その“魂”はより深く敦を縛り付けていた。敦は今もまだ、院長の亡霊と対峙していたのだ。すべてを察した芥川は敦に黒衣を委ねる。2人の異能が一体化する！

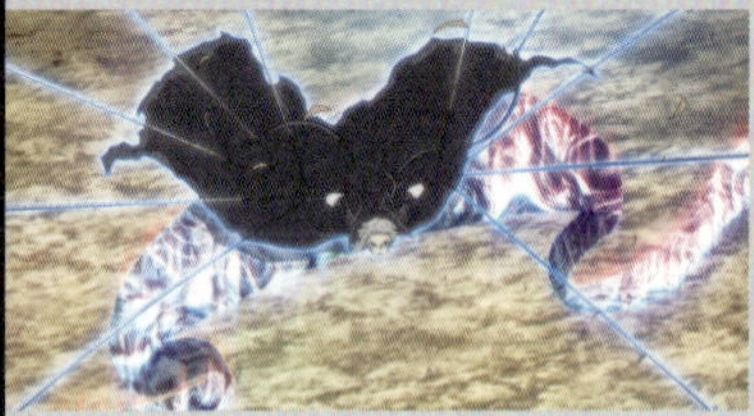

羅生門で瞬間跳躍

芥川の黒衣を纏った敦は地面を空間ごと削り取って、ゲル状の沼から脱出した。敦は異能力で瞬間跳躍し、イワンの背後に迫る。岩肌から巨人が出現し、敦を叩き潰そうとする。しかし、敦は黒衣の爪で岩巨人を一刀両断にする。粉々になって消失した岩巨人は再生しない。イワンの異能で造られた岩巨人は、裂いても砕いても再生するはず。イワンは驚愕のあまり凍りつく

虎の爪には、異能自体を裂く力がある
芥川龍之介

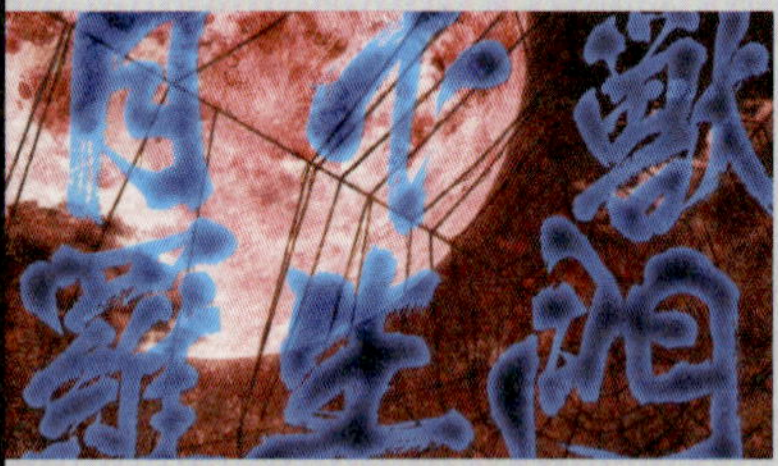

黒虎絶爪

防御不能の神刃が敵を撃滅

人虎の爪には異能自体を裂く力があった。「かつて僕の羅生門を裂いた様に――」。それは、芥川だけが知る敦の異能力の真髄だった。しかも、芥川の羅生門を纏って切断空間を伸張すれば、物理装甲も異能も裂く「防御不能の神刃」と化す。敦と芥川が一体となって叫ぶ！　「月下獣羅生門！　黒虎絶爪！」。黒獣と融合した虎の爪がイワンを岩巨人ごと撃滅した

ウイルス異能力者プシュキンの逃走経路を難なく確定し、待ち構えていた武装探偵社とポートマフィアの面々。温厚な谷崎や賢治も殺気を放つなか、「問題ありませんね」という森の言葉に「赦すか」と漫才のようにかぶせた福沢らは、「そんな訳あるか！」と息の合った渾身の拳をプシュキンへ放つ。誰よりも傷つきながら、感情を押し殺した国木田の声音にもパーティー会場のシーン同様に注目

フョードルは最初から坑道にいなかった。これはイワンのいるコンテナと、フョードルがいるカフェの壁を同じものにすることで巧妙に隠されている。唯一の違和感は壁にかけられた絵画が違うことだけだった

コンテナの絵画

喫茶処の絵画

喫茶処の絵画（林檎）

喫茶処の絵画（鳥籠）

鼠は既に穴倉の外です　中島敦

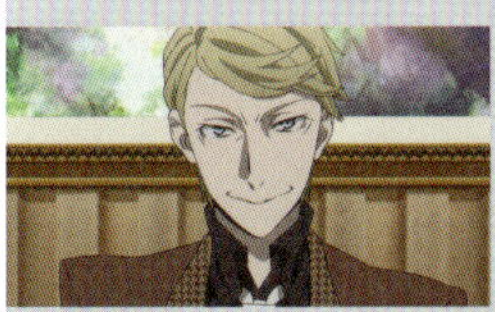

カフェにいるフョードルを見つけたのは、フランシスが手に入れた人物識別システム『アイズオブゴッド』だった。これぞ太宰による「極限下の一手」であり、かつてヨコハマを焼こうとしたフランシスとの呉越同舟は感慨深い。異能特務課の安吾をも呼び寄せ、太宰は極限下でも周到にフョードルを追い詰めていた

やァ 善《よ》い喫茶処《カフェ》だね　太宰治

BUNGO STRAY DOGS

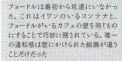

パーティー会場となる豪華客船は、原作によればフランシスの私物。あらためて宣戦布告する際の「前土産」として譲渡されたものだった。探偵社の面々は、このパーティー用にドレスアップしており、普段とは異なったフォーマルな雰囲気になっている

みんな、
よくやってくれた……
福沢諭吉

事件も収束してパーティーを楽しむ探偵社員たち。ここで注目すべきは、国木田だ。少女を死なせ、過酷な境遇に陥っている彼は、それを暗示するように福沢への挨拶は声が震えている。第35話以降は表情もはっきり確認できず、自分が救えなかった少女がなおも国木田の心を占めていると思われる。お菓子を食べる乱歩は脳天気だが、福沢の快癒を彼なりに喜んでいるのだろう

「6ヶ月後に殺す」と宣言する芥川に敦は、6ヶ月間誰も殺すなとの条件を出し、自分も強くなろうと決意する。芥川は太宰に認められるため、敦は芥川の強さを否定するため。会うたびに反目しながら、その実、互いを知り尽くした者同士が交わした約束。6ヶ月後の対決は、互いの進むべき道を確認する、ひとつの通過点にすぎないのかもしれない

芥川君と組んでみて如何だった？
太宰治
最悪です
二度と組みた
ありません
中島敦

六ヶ月間、お前は誰も殺すな
中島敦

君も芥川君も“足掻く者”だね
私たちと同じだ
太宰治

「殺さずの、マフィアか……」とつぶやいた太宰が、敦にグラスを向けてストレイドッグに乾杯する。太宰の手に握られた「ルパン」のマッチが印象的だが、シナリオには「インサートフラッシュ。織田作らしき男性の人影」とのト書きが認められる。なおサブタイトルの「回向」という言葉は仏教用語で、自分が行なった善を他人にも差し向け、悟りの方向に導くことを意味する。作品世界を「救済の連鎖」が貫いている『文豪ストレイドッグス』第3シーズンのラストに、これほどふさわしい言葉はない

ストレイドッグに――

皆が愛し、守る街——ヨコハマ

武装探偵社が守るヨコハマの街。探偵社の屋上からはすぐ脇に架かる高速道路が見え、その先にポートマフィアのビル群が見える。近くには元町商店街と中華街がある。少し歩けば多くの船舶が留まる港があり、日本大通を進むと開港記念会館などの建物も確認できる

山下公園

海に沿って広がる公園で、港を行き交う船を眺めることができる。海沿いにはたくさんのベンチが並んでいる。花袋が銀に恋文を渡したのは、羅針盤をイメージした世界の広場と呼ばれる場所で、半円形に石壁が造られている

田山花袋のアパート

花袋の住む木造アパートは街の傾斜部に造られている。和室には似つかわしくない電子モニターがいくつも設置されており、引きこもりの花袋はゴミも出していないらしく、袋と酒瓶が無造作に散らかっている

泉鏡花の実家

和風の庭と桜、木造の平屋が鏡花の実家だった。鏡花の両親は政府の諜報員を辞した後は個人の傭兵として要人暗殺を行っていた。その生活は穏やかではなかっただろう

ポートマフィアの拠点

裏口

正面玄関

上階フロア

武装探偵社がポートマフィアへ攻撃を仕掛けた際、与謝野たちは正面から、乱歩は裏口から攻めた。上階のフロアからは正面玄関を見下ろせるようになっており、状況を確認できるようになっている

ロッカールーム

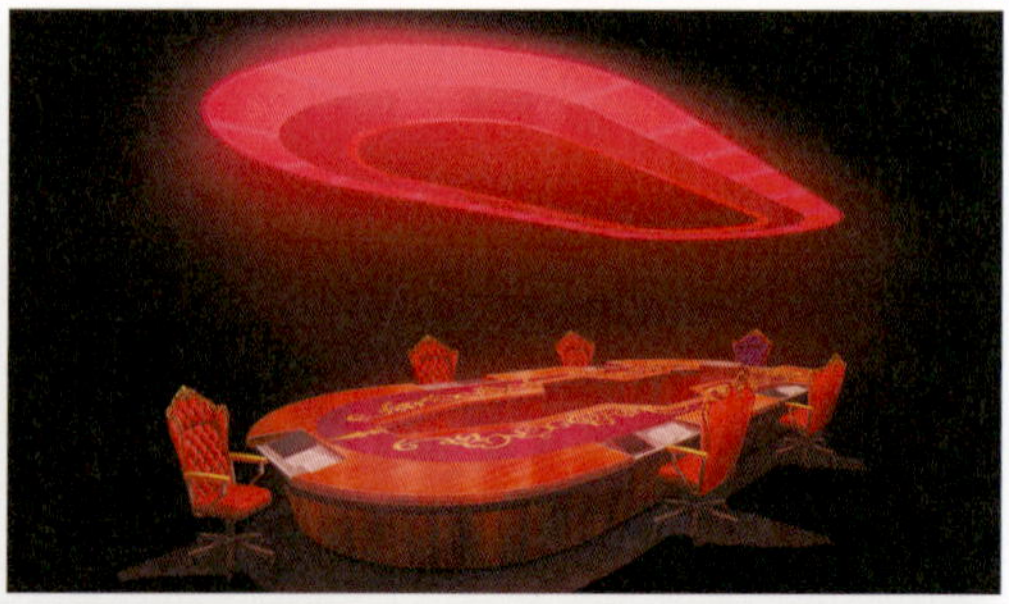

幹部会議室

首領の部屋

地下通路

首領の寝室前

鏡花が潜入した地上階には構成員のロッカールームがある。元ポートマフィアだった鏡花は、内部構造を理解してうまく潜入できていたようだ。地下の通路は、何かの運搬のためか整備されている。細雪を使った谷崎が侵入したのは、セキュリティロックが施された首領の寝室。元は先代ボスが使用していた場所だ

エースのアジト

船舶をアジトとしていたエースは、そこに牢屋や賭博スペースなど、様々な設備を充実させていた。元は賭博師だったという彼の嗜好と、その財力を感じさせる造りになっている

フランシスの再起

エクルバーグのガレージ

マナセット・セキュリティ応接室

法廷

ホームレスにまで落ちぶれたフランシスだったが、ルイーザの力を借りて再起する。まず拠点としたのが「すばらし荘」という古びたアパートだった。そこから冤罪を着せられたエクルバーグのガレージへと赴き、続いて彼の勤めていた「マナセット・セキュリティ」へと乗り込んでいる。真犯人の情報を掴むと法廷にまで乗り込んで、犯人を強請ることを厭わない。フランシスの華麗なる活躍が描かれた

洋館

福沢と森が12年前に南米系マフィアを一掃しに乗り込んだ洋館。彼らはここで初めて共闘したことになる。洋館の中央には大きな時計が設置されている。この時計からは、2人が話す「三刻構想」を連想させられる

フョードルを追って

アジト

「共喰い」を実行するにあたって、フョードルは武装探偵社とポートマフィアの情報を手に入れて周到に罠を張り巡らせていた。紫色に彩られたアジトに桂正作を捕らえて国木田の情報を聞き出し、以前の爆弾事件と同じような状況を作り出した。そして、国木田の選択によって少女を死に至らしめるよう操っていた。そして乱歩の超推理も、偽の情報を次々出すことで撹乱した。目的のためであれば無関係の人々も利用して殺していくのが、フョードルのやり方だ

炭鉱跡

ウイルス異能力者であるプシュキンと、侍従長であるイワンが配置されていたのは古い炭鉱跡。厳重に警戒している見張りの中にプシュキンを紛れ込ませ、炭鉱という場所でイワンの異能力のポテンシャルを上げていた。その炭鉱跡にフョードルはおらず、ヨコハマ某所のカフェでラジオの音楽を聴いていた。カフェ内には時計の文字盤を模したアートが設置されている。刻一刻と迫る制限時間を感じさせるものだ

コンテナ内部

カフェ

過去から未来へ
救済の連鎖

BUNGO STRAY DOGS

共に、我が臆病な自尊心と、尊大な羞恥心との所為である。己の珠に非ざることを惧れるが故に、敢えて刻苦して磨こうともせず、又、己の珠なるべきを半ば信ずるが故に、碌々として瓦に伍することも出来なかった。己は次第に世と離れ、人と遠ざかり、憤悶と慙恚とによって益々己の内なる臆病な自尊心を飼いふとらせる結果になった。人間は誰でも猛獣使であり、その猛獣に当るのが、各人の性情だという。己の場合、この尊大な羞恥心が猛獣だった。虎だったのだ。

月下獣

昔、私は、自分のした事に就いて後悔したことはなかった。しなかった事に就いてのみ、何時も後悔を感じていた。自分の選ばなかった職業、自分の敢てしなかった(しかし確かに、する機会のあった)冒険。自分のぶつからなかった種々の経験——其等を考えることが、慾の多い私をいらいらさせたものだ。

言終って、叢中から
慟哭の声が聞えた。

中島敦

頭は間違うことが
あっても、
血は間違わない

恥の多い生涯を送って来ました。

人間失格

そこで考え出したのは、道化でした。それは、
自分の、人間に対する最後の求愛でした。
自分は、人間を極度に恐れていながら、そ
れでいて、人間を、どうしても思い切れな
かったらしいのです。そうして自分は、この道
化の一線でわずかに人間につながる事が
出来たのでした。おもてでは、絶えず笑顔を
つくりながらも、内心は必死の、それこそ千
番に一番の兼ね合いとでもいうべき危機一
髪の、油汗流してのサーヴィスでした。

太宰治

羅生門

外には、ただ、
黒洞々たる夜が
あるばかりである。

その髪の毛が、一本ずつ抜けるのに従って、下人の心からは、恐怖が少しずつ消えて行った。そうして、それと同時に、この老婆に対するはげしい憎悪が、少しずつ動いて来た。——いや、この老婆に対すると云っては、語弊があるかも知れない。むしろ、あらゆる悪に対する反感が、一分毎に強さを増して来たのである。この時、誰かがこの下人に、さっき門の下でこの男が考えていた、饑死をするか盗人になるかと云う問題を、改めて持出したら、恐らく下人は、何の未練もなく、饑死を選んだ事であろう。それほど、この男の悪を憎む心は、老婆の床に挿した松の木片のように、勢いよく燃え上り出していたのである。

芥川龍之介

生きる許可——中島敦

BUNGO STRAY DOGS

檻の中の恐怖

敦は孤児として拾われ、院長を始めとした周囲の暴力に晒されながら生きてきた。自らを苛む理不尽な暴力に怯え、敦は自分が誰にも期待されず、自分が誰かもわからなくなっていた。暴力が支配する孤児院の中でも、敦は特に懲罰を受けていた。それは彼が虎に変化していたからでもある。院長は敦が獣と化しても匿い、自らの罪を憎まないよう、憎しみを自分へと向けるようにしていた。

その時は敦、私を憎め。決して己を憎むな
——院長

求め、叢《そう》中《ちゅう》を出る

「居場所」の安心感

ついに孤児院を追い出されて餓死寸前だった敦。彼は入水自殺を試みていた太宰を救うことで、自分も救われた。そうして敦は、武装探偵社という新たな居場所を得た。しかし同時に虎に変身するという自分の異能力を知り、虎の行いは自分がやったことであると知ってしまう。制御できない己の未熟さを悲嘆しながらも、彼は太宰を始めとした探偵社の面々に導かれ、勇気を示し、ヨコハマの街を守っていくことになる。「頭は間違うことがあっても、血は間違わない」——敦はいつしか、自分の思考を肯定できるようになった。

自分を憐れむな
自分を憐れめば
人生は終わりなき悪夢だよ
——太宰治

苦痛を知る者として

「誰も救わぬ者に生きる価値などない」と、心に棲みつく院長が苛む。自分の存在に怯えながらも、敦はある発想を思い浮かべる。誰かを救い、正しいことを為せば、自分は生きる許可を与えてもらえるのではないか、と。異能力に囚われ、殺人の罪に心を痛める鏡花を救い、探偵社へと導いた。虐待された孤児であり、孤独を抱えたルーシーに寄り添い、救い出すと約束した。苦痛を知る者として、暴力と悪に抗い、弱い立場の人を救ったのだ。

明るい世界を見た
知らなかった頃には
もう戻れない
——泉鏡花

そうしたら僕は、
生きていても良いって事に
ならないだろうか
——中島敦

BUNGO STRAY DOGS

人虎は「生きる許可」を

僕も、僕が嫌いだ
今までありがとうな
——中島敦

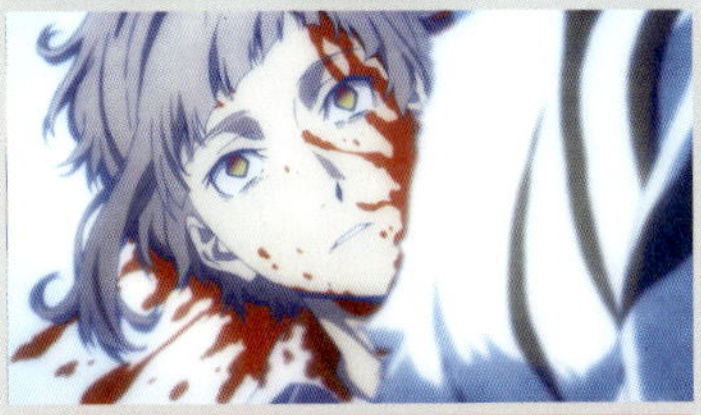

己の内なる獣

敦が変身する白虎は謎が多い。世界でも稀な存在であり、白紙の文学書に通じる道標であり、そしてその爪は異能力を切り裂く。幼少の頃から敦の内に存在した虎は、なかなか敦に心を開くことはなかった。幼少の頃から虐げられてきた敦は、自分で自分を認めることができなかった。だからこそ「生きる許可」を他者に求めた。けれど結局、自分を認めることができるのは自分自身なのだ。「自分が嫌い」ということを受け入れ、そして異能力である白虎も自分の一部であることを受け止めた敦は、白虎を……自分自身を救済することになる。

心臓の鼓動から逃げられないのと同じなんだ。
なぜならお前は僕の生きようとする力だから……
——中島敦

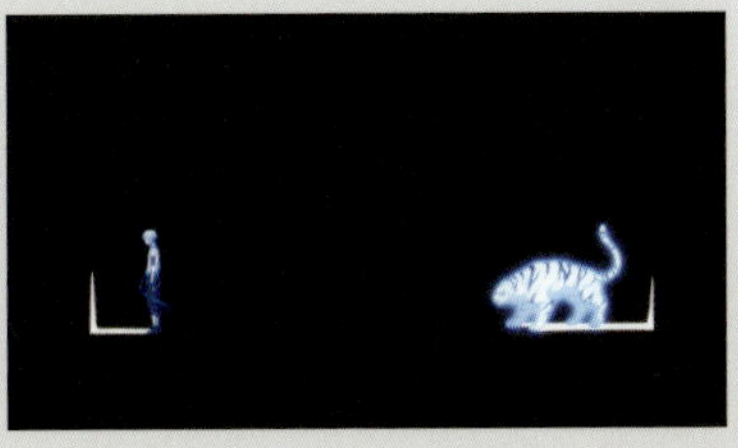

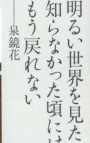

生きる価値——芥川龍之介

心なき狗の居場所

芥川は貧民街で育った孤児であったが、太宰と出会ったことで妹と共にポートマフィアに加入することになる。「着ている衣服を操る」という異能力で、自らの黒い外套を黒獣として操れるようになっていく。しかし上司である太宰の教育方針はかなり厳しく、異能力の訓練も苛烈だった。対処が遅ければ殴る蹴るは当たり前。突然拳銃を取り出して芥川へ向かって発砲することもあった。それらの暴力に耐え、成果を挙げることで太宰に認められるために芥川は力をつけていった。しかし、太宰はミミックを巡る事件をきっかけにポートマフィアを去る。

その程度では
ポートマフィアで
生き残れないぞ！
……それとも貧民街の
野良犬に戻りたいか
——太宰治

己の真価を見る

僕は鏡花に
価値を与えただけだ
生きる価値を
——芥川龍之介

生きる価値はあるか

黒き禍狗として遊撃部隊となった芥川は、かつての自分と同じ目をした少女に出会う。その目にあったのは復讐だった。芥川は自分が与えられた生きる価値を、同じように鏡花に与えた。けれどそれは、芥川にとって価値のある救いだったかもしれないが、鏡花にとっては生きる価値たりえなかった。ポートマフィアを抜け、自らの罪をそそぎ、武装探偵社という居場所を手に入れた鏡花を見て、芥川は彼女が生きる価値を得たのだと、その目を見て感じ取った。もうそこには死を望む感情は消えていた。「鏡花、善かったな」と芥川は呟く。

私の新しい部下は君なんかよりよっぽど優秀だよ
——太宰治

己の優質を示す

芥川の黒外套を操る異能力は、自在に敵を刺し穿ち、空間を削り取るまでの力を得ていた。芥川は強さを増していたが、再会した太宰は「教育には難儀した」と貶し、「ぽんこつな能力」と言うなど、彼を認めることはなかった。なのに、突然現れた人虎の少年を太宰は「優秀」だと言う。その言葉に芥川の嫉妬と憎悪が燃え上がる。芥川は憎むべき相手として人虎——敦を見据え、対立していく。どうにかして己の優質を示そうと足掻き、組合との戦いに勝利した際には、ようやく太宰自らの言葉で「強くなったね」と言ってもらうことができた。

強くなったね
——太宰治

BUNGO STRAY DOGS

黒《こく》洞《とう》々《とう》たる闇の憎悪は、

貴様を否めぬ限り、僕は一歩も前に進めぬ故に殺す
——芥川龍之介

殺すべき相手

自分がどんなに努力しても優質を認めてくれなかった太宰が、「優秀」だと褒めそやす相手——それは、満足に自分の異能力も操れないような情けない男だった。そしてその彼に、弱者と蔑み侮っていた相手に打ち倒される。任務遂行のためであれば誰の扶けもいらないと思っていた芥川は、少しずつ変わっていく。強敵を前にして、誰かと力を合わせることを識る。窮地に際して、誰かに力を受け渡すことを識る。好敵手という存在が、芥川の感情を呼び覚ましていく。

六ヶ月間お前は誰も殺すな
そうすれば単純な事実に気付く筈だ
——中島敦

生きる理由――太宰治

人は自分を
救済する為に生きている
死ぬ間際に
それが判るだろう
――夏目漱石

人を救う側へ

体には包帯を巻き、いつも自殺願望を抱き続ける太宰は、空虚な生からの脱出を望んでいた。けれどそんな彼にも友人ができ、彼らとの交流の中で影響を受けていた。特に織田作之助という男。ポートマフィアでありながら不殺を貫き孤児を育てる奇特な男から、太宰は何かを感じ取っていた。織田作は殺し屋という過去を持つが、夏目漱石の言葉に導かれて殺しをやめた。そこからは、自分ができる償いをしていたのかもしれない。織田作は言った。「どちらも同じなら、佳い人間になれ。弱者を救い、孤児を守れ。正義も悪もお前には大差ないだろうがその方が……幾分か素敵だ」。

友の言葉を懐《いだ》いて

何か生きる理由が見つかると思ったんだ
――太宰治

死にたがりの居場所

少年太宰の心は希死念慮に苛まれていたが、先代ボスの暗殺現場に立ち会い、森の共犯者となってから状況が変わり始めていた。死を望みながらも、死んでしまえば謀略を企てた森の思う壺。しぶしぶ生きながらえながらも、太宰は森からの指令でアラハバキを巡る事件に乗り込んでいく。そこで出会ったいけ好かない少年・中原中也と共に事件の真相にたどり着く。死は生の一部である。そしてポートマフィアにいれば、死が日常の一部となる。死にたがりの少年である太宰は、黒社会にいれば生きる理由を見いだせるのではないかと思い始めたのだ。

生き方の正解を知りたくて誰もが闘っている
——太宰治

心の中で生き続ける

織田作の言葉を受けて、太宰の生きる理由が変わっていた。合理的最適解であれば人の死を厭わない組織ではなく、人を救う側になろうと。黒い外套を脱ぎ、異能特務課の力を借り、太宰は武装探偵社へと入る。人は罪深く、間違った人生を歩んできてしまったかもしれない。そうだとしても、人はやり直すことができるのだ、と太宰の心の中で友が言う。「我々にあるのは迷う権利だけだ。溝底を宛もなく疾走る、土塗れの迷い犬達のように」。

BUNGO STRAY DOGS

恥の多い生涯に、亡き

かつての双黒を超える
新しい力
それがあの二人です
——太宰治

未来への一手

超人的と言ってよいほどの頭脳を持つ太宰は、ヨコハマという地にやってくる災禍への対処を考え続けている。北米からやってきた組合のフランシスに対しても、地下から這い寄る魔人フョードルに対しても、対抗するべき手を用意しなければならない。太宰が考えていたのは、白虎の敦と黒獣の芥川を組み合わせるということだった。俊敏性と根性骨（タフネス）がある敦を前衛として、本来は遠距離攻撃や防御・補助で真価を発揮する芥川を後衛として、新しい時代のコンビとして育てようとした。彼の思惑通りに、敦と芥川は切磋琢磨を繰り返していく。ヨコハマの街を守り、人を救う側として、太宰は未来を見据えた一手を打っているのだ。

アニメ版『文豪ストレイドッグス』年表

年月日	主な出来事	武装探偵社	ポートマフィア	その他
十五年前（十五歳編）			 	蘭堂、中原中也を軍の研究施設から強奪しようとする。その際中也が解放され爆発。擂鉢街ができる
十二年前（第三十六話）		福沢諭吉、探偵社設立準備中に、漱石の指示で開業医の森鴎外を警護する任務に就く。襲ってきた暴徒らを共闘して倒す 福沢を初代社長に武装探偵社を設立		夏目漱石による「昼を軍警と特務課が、夜をポートマフィアが、そして昼と夜のあわいを探偵社が取り仕切り街の均衡を保つ」三刻構想が実現
八年前			森鴎外が太宰治と出会う 森、先代首領を殺しポートマフィア首領となる	

七年前
第二十六話〜第二十八話（十五歳編）

太宰治と中原中也が出会う。アラハバキを巡る事件で協力し、黒幕である蘭堂を倒す

太宰と中也がポートマフィアに加入

坂口安吾がポートマフィアに加入

六年前
劇場版 DEAD APPLE（龍頭抗争）

龍頭抗争が生起。88日間、抗争が続く

龍頭抗争中、太宰治と織田作之助が、坂口安吾に出会う

澁澤龍彦がすべての裏社会の組織に宣戦布告

抗争の終焉直前、太宰と中原中也が澁澤の拠点を「汚濁」で殲滅。以後「双黒」と呼ばれる機縁になる

抗争後、構成員の織田作が孤児を引き取り育て始める

澁澤龍彦が、中島敦に対して人体実験。敦の抵抗を受けた澁澤は死亡し、以後は異能力生命体となる

異能特務課、抗争沈静化のため「国家規模の異能侵略に対抗できる」澁澤を投入

フョードル・Dが龍頭抗争を注視

四年前
第十三話〜第十六話（黒の時代編）

来日したミミックと抗争が起こる。リーダーのジイドと構成員の織田作之助、戦闘の末、共に死亡

幹部の太宰治が離反

情報員の坂口安吾は本来の所属先である内務省異能特務課へ復帰

首領の森鴎外は特務課の種田山頭火と取り引きし、異能開業許可証を手にする

年月日	主な出来事	武装探偵社	ポートマフィア	組合《ギルド》	その他
三年前					泉鏡花の両親、暗殺者の襲撃により死亡。母親の異能力は娘である鏡花が受け継ぐ
二年前		2年の潜伏期間を経て、太宰治が異能特務課の種田山頭火の口利きで武装探偵社へ入社 国木田独歩が桂正作を逮捕			
半年前			泉鏡花、芥川龍之介と出会い、暗殺の仕事を始める		
第一話		中島敦、太宰治と出会い、共に「人喰い虎」の調査へ赴く			
第二話		中島敦、入社試験を経て武装探偵社へ入社			
第三話	組合によって中島敦に70億の懸賞金が懸けられる	中島敦、ポートマフィアの芥川龍之介に遭遇。自分が「人虎」として70億の賞金がかけられていると知る	70億を手に入れるため、「人虎」の確保に乗り出す		
第六・七話	観光客の連続失踪事件が起きる	「蒼の使徒」を巡る事件に、太宰治と国木田独歩が赴く。市街地の爆破予告を阻止するため、異能力者と戦う。その最中、佐々城信子と田口六蔵が死亡する			
第八話	ヨコハマ市街の電車で爆弾テロ	中島敦と与謝野晶子、電車内で梶井基次郎の爆弾テロに巻き込まれる 敦、電車内で泉鏡花と邂逅、共に爆発から脱出する			

BUNGO STRAY DOGS

話数				
第九話		中島敦、泉鏡花を連れてヨコハマを散策して楽しむが、芥川龍之介が現れ、敦を誘拐する	わざと泉鏡花に捕まった太宰治、中原中也と再会する	
第十話		誘拐された中島敦、密輸船内に移送される 中島敦、ポートマフィアの芥川龍之介と格闘の末にこれを破り、泉鏡花と共に脱出		
第十二話		フランシス・Fほか組合団員らが来社。買収の提案を社長の福沢は一蹴		異能力者集団「組合」の団長フランシス・Fがヨコハマに現れる フランシス、武装探偵社に異能開業許可証の買収を持ちかけるも、社長の福沢諭吉に拒絶される
第十七〜十九話	三組織異能力戦争が勃発	拠点を一時、晩香堂に移す	座敷牢から「Q」を解き放つ	ポートマフィアをナサニエル・Hとマーガレット・Mが拠点の客船で迎撃。芥川龍之介によってマーガレットが意識不明の重体となる
第二十話	フランシス・Fにより、「ヨコハマ焼却作戦」が発動される	中島敦、フランシス・Fと交戦するが、連れ去られる 泉鏡花は軍警に逮捕される	 	ナサニエル・H、組合から離反する
第二十一話		武装探偵社がポートマフィア（同盟、あるいは一時停戦を申し出る	森は同盟を結び「先払い」を行い、一夜限りの双黒復活を指示 中原中也と太宰治が協力し、囚われたQを奪還する	ジョン・Sとラヴクラフトが双黒と交戦

年月日	主な出来事	武装探偵社	ポートマフィア	組合《ギルド》	その他
第二十二話 第二十三話	「ヨコハマ焼却作戦」第2段階「白鯨落とし」が開始される	太宰治、坂口安吾に対し、泉鏡花に関する取引を持ちかける	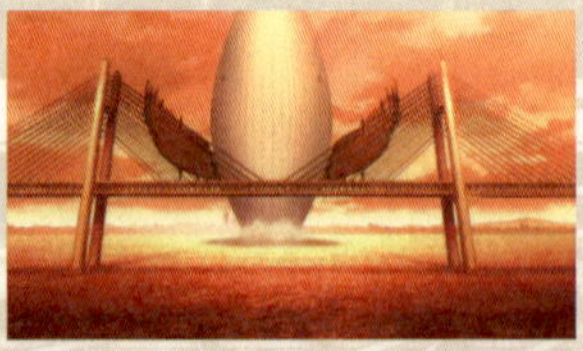 	ヨコハマ焼却作戦の第2段階として白鯨落としを決定。主要メンバーは車で避難を開始	
第二十四話		中島敦、「白鯨《モビー・ディック》」に潜入し、芥川龍之介と共にフランシスを打ち倒す 泉鏡花、決死の特攻で白鯨がヨコハマ市街へ墜落するのを防ぐ 泉鏡花、正式に武装探偵社員となる	芥川龍之介、中島敦に先んじて白鯨に進入。中島敦と共にフランシスを打ち倒す	フランシス、処分可能な全財産を異能力につぎ込むが敗北。海面へと落下する フランシスの敗北により、組合は離散する	フョードル・Dが白鯨の制御端末をハッキング フョードル、元組合のナサニエル・Hと結託
劇場版 DEAD APPLE		武装探偵社「異能力者連続自殺事件」の調査を開始。ヨコハマが濃霧に覆われる 太宰治、澁澤龍彦に刺され、一時仮死状態となる 中島敦、泉鏡花、芥川龍之介が協力して澁澤を打ち倒す	中原中也、異能特務課の坂口安吾から澁澤龍彦の排除を依頼され、顕現した"龍"を汚濁で倒す		フョードル・D、澁澤龍彦に与する 坂口安吾、中原中也に協力要請を出す 「時計塔の従騎士」のアガサ・Cが、澁澤の異能力を危険視し、焼却の異能力者を派遣する

話数					
第二十九〜三十二話		泉鏡花、両親の死の真相を知る 中島敦のいた孤児院の院長が死亡する	五大幹部の1人、エースがプロの誘拐屋を使い、白鯨落としの黒幕であるフョードル・Dを誘拐して監禁。しかしフョードルに騙されて死亡する	ルイーザ・A、貧民街でホームレスとなっていたフランシス・Fを発見。フランシスは組合再建の第一歩に「アイズオブゴッド」を手に入れる	フョードル・D、ポートマフィアのエースを殺害して異能力のリストを入手
第三十三話 第三十四話	フョードル・Dの策略「共喰い」が発生。武装探偵社とポートマフィアが抗争となる	社長の福沢諭吉、元組合のナサニエル・Hの襲撃を受け昏睡状態となる 太宰治、スナイパーに腹部を撃たれて入院する	首領の森鴎外、フョードル・Dに刺され昏睡状態となる 「共喰い」の先手を取るため、武装探偵社の福沢諭吉が入院する病院に総力を集める		フョードル・D、武装探偵社の太宰治と再会。フョードルは白紙の文学書を手に入れるため、「共喰い」の異能を持つ毒を武装探偵社とポートマフィアのトップに盛ったと語る
第三十五話 第三十六話		ポートマフィアの拠点へ攻め込むが「檸檬花道」によって撤退させられる 福沢諭吉、森鴎外と決闘。その後、夏目漱石と再会	森鴎外、福沢諭吉と決闘。その後、夏目漱石と再会		
第三十七話		死の家の鼠のアジトである坑道で、中島敦が芥川龍之介の力を借りてイワン・Gを倒す	太宰治の指示のもと、芥川龍之介も坑道へ潜入する。中島敦に力を貸し、イワン・Gを倒す		フョードル・Dが異能特務課によって逮捕される

BUNGO STRAY DOGS

「文豪ストレイドッグス」プロジェクトの歩み

連載開始から現在まで歩んできた、「文豪ストレイドッグス」というプロジェクトの軌跡。

イベントやコラボなど、数多の記録の一部を辿っていこう。

年	月	出来事
2012	12月	**『ヤングエース』にて『文豪ストレイドッグス』連載開始**
2013	4月3日	**漫画『文豪ストレイドッグス』単行本第1巻刊行**
	12月20日	『ダ・ヴィンチ・コード』、『天使と悪魔』の作者、ダン・ブラウンとのコラボ企画実施
2014	4月1日	小説『文豪ストレイドッグス 太宰治の入社試験』刊行
	4月5日～5月25日	**神奈川近代文学館にてコラボ企画実施** ①
	8月1日	小説『文豪ストレイドッグス 太宰治と黒の時代』刊行
	8月20日	『横浜ウォーカー』とのコラボ企画実施。描き下ろし漫画も掲載
2015	4月4日～5月24日	**神奈川近代文学館にてコラボ企画実施**
	5月1日	小説『文豪ストレイドッグス 探偵社設立秘話』刊行
	5月1日～5月31日	「文豪ストレイドッグス スタンプラリー in YOKOHAMA」第1弾開催
	8月20日	**TVアニメ化発表＆アニメ公式サイトオープン**
	11月27日	オリジナルドラマCD『文豪ストレイドッグス やや非凡なる日々』発売
	12月22日	『ヤングエースUP』にてスピンオフ作品『文豪ストレイドッグス わん！』連載開始
2016	1月1日	アニメイト池袋本店にて『文豪ストレイドッグス』スペシャルデザインの切り餅の配布イベントを開催 出演：上村祐翔（中島敦役）
	1月30日	小説『文豪ストレイドッグス外伝 綾辻行人VS.京極夏彦』刊行
	2月3日	小説『文豪ストレイドッグス外伝 綾辻行人VS.京極夏彦』発売記念トークショー 出演：朝霧カフカ、綾辻行人、京極夏彦 於：アニメイト新宿
	2月14日	**ウェブラヂヲ「文豪ストレイラヂヲ」配信開始**
	3月25日	「AnimeJapan 2016」にて『文豪ストレイドッグス』のステージイベント開催 出演：上村祐翔（中島敦役）、宮野真守（太宰治役）、谷山紀章（中原中也役）
	3月26日、27日	角川文庫から中島敦／太宰治／国木田独歩／江戸川乱歩／谷崎潤一郎／芥川龍之介ら文豪の作品のコラボカバー版が刊行
	3月27日	第1話先行上映イベント開催 出演：上村祐翔（中島敦役）、宮野真守（太宰治役） 於：丸の内ピカデリー
	4月2日	第1＆2話先行上映イベント開催 出演：上村祐翔（中島敦役）、細谷佳正（国木田独歩役）、豊永利行（谷崎潤一郎役） 於：横浜ブルク13
	4月6日	**TVアニメ『文豪ストレイドッグス』第1シーズン放送開始**
	5月2日～6月5日	「文豪ストレイドッグス スタンプラリー in YOKOHAMA」第2弾開催 ②
	6月18日	第1シーズン Blu-ray & DVD発売決定記念イベント「上村探偵事務所出張所 アニメイト横浜店1日店長」開催 出演：上村祐翔（中島敦役） 於：アニメイト横浜
	6月26日	第1シーズン Blu-ray & DVD発売決定記念イベント開催 出演：上村祐翔（中島敦役）、花倉洸幸（宮沢賢治役）、小山力也（福沢諭吉役）、宮本充（森鷗外役） 於：アニメイト池袋
	6月29日	『オリジナルサウンドトラック01』発売
	7月14日～9月11日	ナンジャタウンにてコラボイベント「文豪ストレイドッグス 於：ナンジャタウン」開催
	7月24日	第1シーズン Blu-ray & DVD発売決定記念イベント開催 出演：上村祐翔（中島敦役）、諸星すみれ（泉鏡花役） 於：AKIHABARAゲーマーズ本店
	7月25日～9月30日	**与謝野晶子記念館（さかい利晶の杜）にてコラボ企画実施**
	7月28日～9月25日	**中原中也記念館にてコラボ企画実施** ③
	8月4日～8月8日	青森の夏祭り「五所川原立佞武多」とのコラボ企画実施
	8月17日	『キャラクターソングミニアルバム 其ノ壱』発売

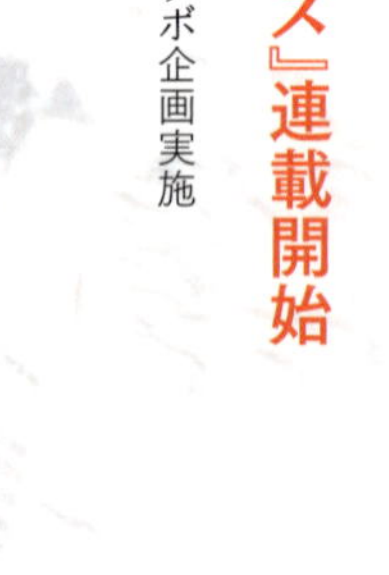
①太宰治 描き下ろしイラスト

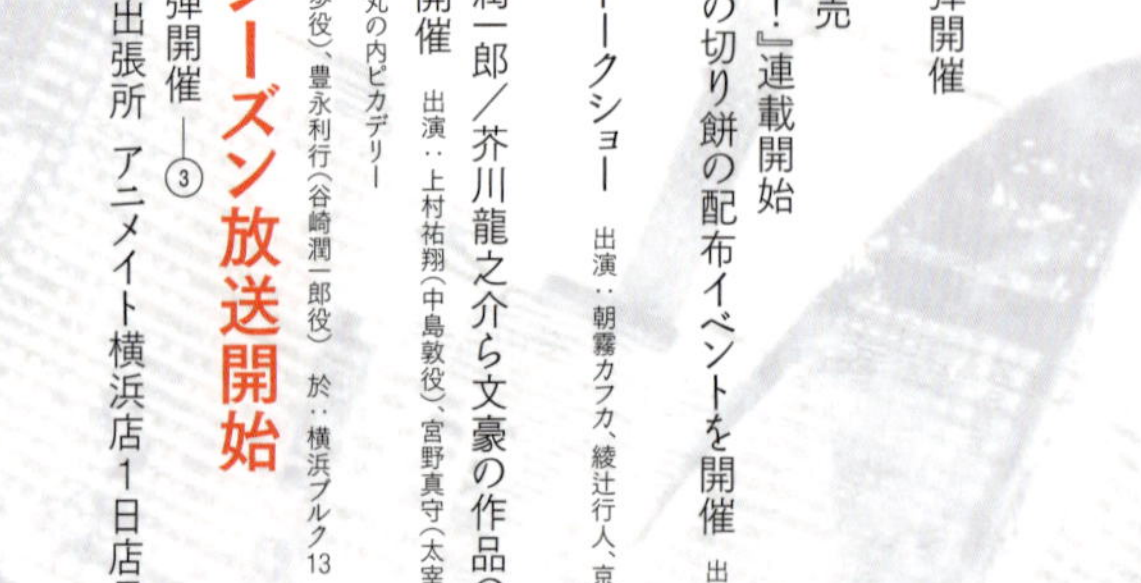

②スタンプラリーMAP

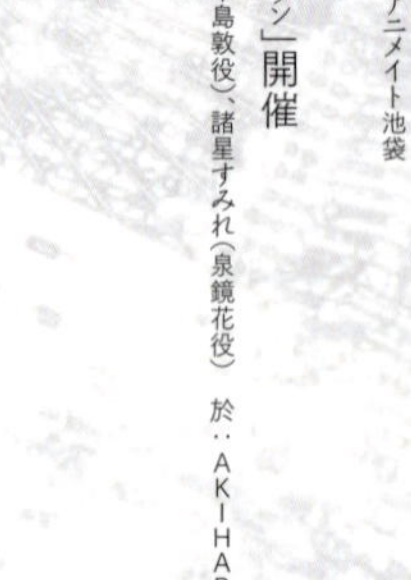
③太宰治＆中原中也
描き下ろしイラスト

9月14日	『キャラクターソングミニアルバム 其ノ弐』発売
9月17日	『文豪ストレイドッグス 公式ガイドブック 開化録』発売
9月17日、18日	「京まふ」とのコラボ企画実施
9月18日	**公式イベント「文豪ストレイドッグス 迷ヰ犬達ノ宴」開催**―④ 出演：上村祐翔（中島敦役）、宮野真守（太宰治役）、豊永利行（谷崎潤一郎役）、花倉洸幸（宮沢賢治役）、谷山紀章（中原中也役）、GRANRODEO　於：オリンパスホール八王子
10月1日	小説『文豪ストレイドッグス 55Minutes』刊行
10月1日～10月31日	「文豪ストレイドッグス スタンプラリー in YOKOHAMA」第3弾開催
10月4日	漫画『文豪ストレイドッグス わん！』単行本1巻発売
10月5日	**TVアニメ『文豪ストレイドッグス』第2シーズン放送開始**
10月5日	『キャラクターソングミニアルバム 其ノ参』発売
10月5日～11月6日	**芦屋市谷崎潤一郎記念館にてコラボ企画実施**
10月6日	角川文庫から中原中也／織田作之助／坂口安吾ら文豪の作品のコラボカバー版第2弾刊行
10月7日～1月22日	**田端文士村記念館にてコラボ企画実施**―⑤
10月17日～12月28日	**「文豪ストレイドッグス×青森・太宰ゆかりの地キャンペーン」開催**―⑥
10月17日～12月4日	**文京区立 森鷗外記念館にてコラボ企画実施**
10月21日～1月15日	サンシャインシティプリンスホテルにてホテルコラボ実施
11月1日～12月28日	**与謝野晶子記念館（さかい利晶の杜）にてコラボ企画実施**―⑦
11月4日	イラスト集『文豪ストレイドッグス 楽描手帖』刊行
12月17日	「文豪ストレイドッグス」第23話・第24話上映＆スタッフトークショー開催 出演：南雅彦（ボンズ代表取締役）、鈴木麻里（ボンズプロデューサー）、加藤浩嗣（原作担当編集）、倉兼千晶（KADOKAWAプロデューサー）
12月21日	『文豪ストレイドッグス 公式国語便覧』発売
12月24日	Twitterで登場キャラクターに寄せられた質問に答える「降誕祭前日譚企画」開催
12月28日	『オリジナルサウンドトラック02』発売

2017

1月22日	『文豪ストレイドッグス』トークイベント in 青森 出演：五十嵐卓哉（監督）、花倉洸幸（宮沢賢治役）、鈴木麻里（ボンズプロデューサー）、倉兼千晶（KADOKAWAプロデューサー） 於：ELM エルムの街ショッピングセンター　2階エルムホール
1月29日	第2シーズン Blu-ray & DVD発売決定記念イベント開催 出演：谷山紀章（中原中也役）、林勇（立原道造役）　於：animate hall SHINJUKU
2月7日～3月12日	**台東区立一葉記念館にてコラボ企画実施**
2月11日	「黒の時代」振り返り上映会＆ラックライフミニライブ　出演：ラックライフ　於：アニメイトO.N.SQUARE（大阪）
2月19日	**「文豪ストレイドッグス 迷ヰ犬達ノ宴 其ノ弐」開催**―⑧ 出演：上村祐翔（中島敦役）、宮野真守（太宰治役）、細谷佳正（国木田独歩役）、神谷浩史（江戸川乱歩役）、豊永利行（谷崎潤一郎役）、小野賢章（芥川龍之介役）、谷山紀章（中原中也役）、河西健吾（ジョン・S役）、GRANRODEO"SCREEN mode、ラックライフ　於：パシフィコ横浜
4月4日	『文豪ストレイドッグス 公式ガイドブック 深化録』発売
4月26日～5月21日	**さいたま文学館にてコラボ企画実施**―⑨
4月26日～6月25日	**芦屋市谷崎潤一郎記念館にてコラボ企画実施**
6月17日	角川文庫から太宰治／与謝野晶子の作品のコラボカバー版第3弾刊行
7月11日～9月24日	**城下町佐伯国木田独歩館にてコラボ企画実施**
8月4日	オリジナルアニメBD付き限定版コミックス13巻発売

⑧イベントパンフレット

⑨中島敦&太宰治描き下ろしイラスト

⑦与謝野晶子描き下ろしイラスト

⑥太宰治描き下ろしイラスト

⑤太宰治&芥川龍之介描き下ろしイラスト

④イベント描き下ろしイラスト

8月11日	『文豪ストレイドッグス』第25話「独り歩む」のスタッフトーク付き上映会開催 出演：鈴木麻里（ボンズプロデューサー）、加藤浩嗣（原作担当編集）、倉兼千晶（KADOKAWAプロデューサー）　於：角川シネマ新宿
10月4日～1月21日	**中原中也記念館にてコラボ企画実施**—⑩
10月13日～29日	**太宰ミュージアムとの企画「太宰ウィーク」とコラボ実施**
10月22日	「黒の時代」一挙上映イベント開催 出演：諏訪部順一（織田作之助 役）、鈴木麻里（ボンズプロデューサー）、倉兼千晶（KADOKAWAプロデューサー）　於：丸の内ピカデリー2
11月2日、3日	TVシリーズ一挙上映会開催 1日目　出演：上村祐翔（中島敦 役）　2日目　出演：鈴木麻里（ボンズプロデューサー）、倉兼千晶（KADOKAWAプロデューサー）　於：角川シネマ新宿
12月14日	ゲームアプリ『文豪ストレイドッグス 迷ヰ犬怪奇譚』配信開始
12月1日～1月28日	**台東区立 一葉記念館にてコラボ企画実施**
12月20日～1月31日	**森鴎外記念館ほかにて、文豪の街・文京区とのコラボ企画実施**
12月22日	**舞台『文豪ストレイドッグス』公演開始**

2018

2月17日～4月1日	「文豪ストレイドッグス スタンプラリー in YOKOHAMA」第4弾開催
2月24日	映画『文豪ストレイドッグス DEAD APPLE（デッドアップル）』完成披露プレミア上映会&ライブビューイング開催 出演：上村祐翔（中島敦 役）、小野賢章（芥川龍之介 役）、谷山紀章（中原中也 役）　於：丸の内ピカデリー1
2月24日	角川文庫から澁澤龍彦のコラボカバー版刊行
2月24日～4月8日	東武動物公園にてコラボイベント開催
2月24日～4月15日	**与謝野晶子記念館（さかい利晶の社）にてコラボ企画実施**
3月1日～4月1日	SUNSHINE SAKAEにてコラボイベント開催
3月3日	**映画『文豪ストレイドッグス DEAD APPLE』公開**—⑪
3月10日	漫画『文豪ストレイドッグス DEAD APPLE』1巻発売
3月23日～5月20日	ナンジャタウンにて「文豪ストレイドッグス DEAD APPLE　於：ナンジャタウン　もうひとつのDEAD APPLE」開催
3月28日	東放学園映画専門学校にて、プロデューサー&制作スタッフによるトークイベントを開催 出演：鈴木麻里（ボンズプロデューサー）、竹本順仁（制作デスク／ボンズ）、神林 剛（撮影監督／ボンズ）、菅野宏紀（アニメーター／ボンズ）
3月30日～6月30日	サンシャインシティプリンスホテルにてホテルコラボ第2弾実施
4月3日	『文豪ストレイドッグス 公式ガイドブック 煙霧録』発売
4月8日	「文豪男子ナイト～キャスト&スタッフトーク付き上映会～」開催 出演：小見川千明（谷崎ナオミ 役）、南雅彦（ボンズ代表取締役）、新井伸浩（キャラクターデザイン・総作画監督）、安東容太（CGディレクター）　於：角川シネマ新宿
4月28日	台湾で『文豪ストレイドッグス DEAD APPLE』のプレミア上映実施　出演：上村祐翔（中島敦 役）
5月1日	イタリアのナポリで開催されるナポリコミコンにて、『文豪ストレイドッグス DEAD APPLE』のイベント上映実施
5月4日	角川文庫から泉鏡花／宮沢賢治作品の、コラボカバー版第5弾刊行
6月15日	台湾で『文豪ストレイドッグス DEAD APPLE』劇場公開開始
6月23日～9月9日	**芦屋市谷崎潤一郎記念館とのコラボ展第3弾が実施**—⑫
7月5日	フランスで開催の"JAPAN EXPO"にて『文豪ストレイドッグス DEAD APPLE』のプレミア上映やサイン会を実施 出演：鈴木麻里（ボンズプロデューサー）、新井伸浩（キャラクターデザイン・総作画監督）
7月21日	『文豪ストレイドッグス DEAD APPLE』都内凱旋上映会開催　TVアニメ第3シーズンの制作発表 出演：上村祐翔（中島敦 役）、宮野真守（太宰治 役）　於：丸の内ピカデリー1
7月25日～9月2日	**さいたま文学館にてコラボ企画実施**
8月18日～9月30日	**こおりやま文学の森資料館にてコラボ企画実施**—⑬
9月22日	**舞台『文豪ストレイドッグス 黒の時代』公演開始**
10月6日～11月25日	**城下町佐伯国木田独歩館&豊の国情報ライブラリーにてコラボ企画実施**—⑭

⑩中原中也 描き下ろしイラスト

⑪映画パンフレット 描き下ろしイラスト

⑫谷崎潤一郎 描き下ろしイラスト

- 11月3日　「ボンズ20周年記念展 文豪ストレイドッグス SPトークショー」開催
  出演：上村祐翔（中島敦 役）、鈴木麻里（ボンズ プロデューサー）、倉兼千晶（KADOKAWA プロデューサー）　於：DNPプラザ
- 11月17日～1月14日　**高知県立文学館にてコラボ企画実施**　⑮
- 12月4日　漫画『文豪ストレイドッグス外伝 綾辻行人VS.京極夏彦』1巻発売
- 12月5日　映画『文豪ストレイドッグス DEAD APPLE』のBlu-ray & DVDが発売
- 12月9日　『DEAD APPLE』 Blu-ray & DVD 発売記念イベント開催
  出演：上村祐翔（中島敦 役）　於：アニメイト池袋本店
- 12月15日～1月31日　**新宿区立漱石山房記念館と新宿区立新宿歴史博物館にてコラボ企画実施**

2019

- 3月4日　サンリオキャラクターズとのコラボ企画が決定
- 4月1日　小説『文豪ストレイドッグス BEAST』刊行
- 4月6日～5月26日　横浜にてクイズラリー「謎解きゲーム 迷井犬狂騒曲」開催
- 4月12日　**TVアニメ『文豪ストレイドッグス』第3シーズン放送開始**
- 5月7日　『文豪ストレイドッグス』第3シーズン〈十五歳編〉の振り返り上映イベント開催
  出演：鈴木麻里（ボンズプロデューサー）、倉兼千晶（KADOKAWAプロデューサー）、加藤浩嗣（原作編集担当）　於：シネマサンシャイン池袋
- 6月8日　**舞台『文豪ストレイドッグス 三社鼎立』公演開始**
- 6月28日～8月25日　ナンジャタウンにてコラボイベント第3弾「文豪ストレイドッグス　於：ナンジャタウン　幸福ノ青キ鳥」を開催
- 7月7日～9月30日　サンシャインシティプリンスホテルにてホテルコラボ第3弾開催
- 7月31日　『オリジナルサウンドトラック03』発売
- 8月1日　小説『文豪ストレイドッグス 太宰、中也、十五歳』刊行
- 8月1日～9月1日　**宮沢賢治童話村にてコラボ企画展実施**
- 9月28日～11月24日　**神奈川近代文学館にてコラボ企画実施**

⑬太宰治＆芥川龍之介 描き下ろしイラスト

⑮江戸川乱歩＆ポオ 描き下ろしイラスト

⑭中島敦＆福沢諭吉 描き下ろしイラスト

⑭太宰治＆国木田独歩 描き下ろしイラスト

森永製菓コラボ

第1弾　2016年11月29日～
第2弾　2017年3月22日～
第3弾　2017年6月27日～
第4弾　2017年11月28日～
第5弾　2018年3月6日～
第6弾　2018年6月19日～
第7弾　2018年11月27日～
第8弾　2019年3月5日～
第9弾　2019年6月18日～

アプリゲーム『ラヴヘブン』コラボ

第1弾　2014年9月
第2弾　2014年12月　ポートマフィア編
第3弾　2015年4月　三社戦争編
第4弾　2015年11月　共同戦線編
アニメコラボ第1弾　2016年4月
アニメコラボ第2弾　2016年6月
アニメコラボ第3弾　2016年10月　黒の時代編

アプリゲーム『夢色キャスト』コラボ

第1弾　2017年2月
映画公開記念コラボ　2018年3月

アプリゲーム『【18】キミト ツナガル パズル』コラボ

2018年2月

アプリゲーム『夢王国と眠れる100人の王子様』コラボ

2019年4月

カラオケまねきねこ

アニメ1期コラボキャンペーン第1弾　2016年4月～6月
アニメ1期コラボキャンペーン第2弾　2016年6月～7月
アニメ2期コラボキャンペーン第1弾　2016年10月～11月
アニメ2期コラボキャンペーン第2弾　2016年12月～2017年1月

コラボカフェ

2016年7月～8月　アニメイトカフェショップ京都
2016年8月　アニメイトカフェショップ池袋・新宿
2016年12月　アニメイトカフェ池袋3号店、アニメイトカフェ岡山
2017年1月～2月　スイーツパラダイス池袋店
2018年2月～3月　横浜ブルク13「cafe OASE」
2018年3月～4月　TOWER RECORDS
2018年3月～4月　アニメイトカフェ池袋3号店・神戸三宮
2018年8月　明神カフェ
2019年2月～3月　プリンセスカフェ
2019年3月～5月　スイーツパラダイス
2019年5月～6月　アニメイトカフェ

「文豪ストレイドッグス」武装探偵社販売部丸井出張所

2015年 5月　マルイシティ横浜
8月　新宿マルイアネックス
2016年11月　渋谷マルイ
2017年 1月　博多マルイ
3月　アスピア明石、国分寺マルイ
7月　渋谷マルイ
9月　博多マルイ
10月　京都マルイ
11月　マルイシティ横浜、ELM五所川原
2018年 2月　渋谷マルイ
3月　マルイシティ横浜
8月　渋谷マルイ、アミュプラザおおいた
9月　モレラ岐阜
2019年 2月　なんばマルイ、渋谷マルイ
4月　マルイシティ横浜、なんばマルイ、静岡マルイ、大宮マルイ、柏マルイ

アニメイトオンリーショップ

2016年11月　池袋本店
12月　横浜店
2018年 7月　吉祥寺店
10月　横浜店
11月　池袋本店、新宿店、名古屋店
2019年 6月　池袋本店、横浜ビブレ、新宿、名古屋、仙台

ANIMATION Blu-ray&DVD

文豪ストレイドッグス
第1巻
第1話、第2話収録

文豪ストレイドッグス
第2巻
第3話、第4話収録

文豪ストレイドッグス
第3巻
第5話、第6話収録

文豪ストレイドッグス
第4巻
第7話、第8話収録

文豪ストレイドッグス
第5巻
第9話、第10話収録

文豪ストレイドッグス
第6巻
第11話、第12話収録

文豪ストレイドッグス
第7巻
第13話、第14話収録

文豪ストレイドッグス
第8巻
第15話、第16話収録

文豪ストレイドッグス
第9巻
第17話、第18話収録

文豪ストレイドッグス
第10巻
第19話、第20話収録

文豪ストレイドッグス
第11巻
第21話、第22話収録

文豪ストレイドッグス
第12巻
第23話、第24話収録

発売・販売：KADOKAWA　各巻：Blu-ray 7,600円＋税／DVD 6,600円＋税　共通仕様：キャラクターデザイン・新井伸浩 描き下ろし特製デジパック
春河35先生によるおまけページ付き！「文豪ストレイドッグス」特製ブックレット

文豪ストレイドッグス DEAD APPLE

【初回生産特典】
キャラクターデザイン・新井伸浩 描き下ろし特製三方背BOX／特製デジパック
文庫本型豪華ブックレット
（入場者特典小説『文豪ストレイドッグス BEAST -白の芥川、黒の敦-』
『文豪ストレイドッグス 太宰、中也、十五歳』、春河35おまけ漫画、入場特典用イラスト、
朝霧カフカ×五十嵐卓哉×榎戸洋司鼎談など）

【映像特典】
予告編映像

発売・販売：KADOKAWA　Blu-ray 9,800円＋税／DVD 8,800円＋税

文豪ストレイドッグス 第13巻
第26話、第27話、第28話収録

【初回生産特典】
1.特製デジパック
2.ミニクリアファイル
3.原画集
4.ブックレット
春河35描き下ろしおまけ漫画
キャスト鼎談（宮野真守、谷山紀章、宮本充）

文豪ストレイドッグス 第14巻
第29話、第30話、第31話収録

【初回生産特典】
1.特製デジパック
2.原画集
3.ブックレット
春河35描き下ろしおまけ漫画
キャスト対談（上村祐翔、諸星すみれ）

文豪ストレイドッグス 第15巻
第32話、第33話、第34話収録

【初回生産特典】
1.特製デジパック
2.原画集
3.ブックレット
春河35描き下ろしおまけ漫画
キャスト対談（小山力也、宮本充）

文豪ストレイドッグス 第16巻
第35話、第36話、第37話収録

【初回生産特典】
1.特製デジパック
2.原画集
3.ブックレット
春河35描き下ろしおまけ漫画
スタッフ鼎談
（朝霧カフカ、五十嵐卓哉、榎戸洋司）
4.朝霧カフカ書き下ろし小説
「国木田と花袋の華麗なる日々」

発売・販売：KADOKAWA　各巻：Blu-ray 9,000円＋税／DVD 8,000円＋税

STAGE Blu-ray&DVD

舞台
文豪ストレイドッグス

【特典】
ブックレット
映像特典：バックステージ映像
ステージ全景映像
Blu-ray／9,800円＋税
DVD／8,800円＋税

舞台
文豪ストレイドッグス
黒の時代

【特典】
ブックレット
映像特典：バックステージ映像
ステージ全景映像
Blu-ray／9,800円＋税
DVD／8,800円＋税

舞台
文豪ストレイドッグス
三社鼎立

【特典】
ブックレット
映像特典：バックステージ映像
ステージ全景映像
Blu-ray／9,800円＋税
DVD／8,800円＋税

2019年11月27日発売予定　※パッケージは仮のものです

MUSIC

第1シーズン OPENING THEME
TRASH CANDY
GRANRODEO
レーベル：ランティス
【初回限定盤（CD＋DVD）】LACM-34465／1,800円＋税
【通常盤】LACM-14465／1,300円＋税
【アニメ盤】LACM-14466／1,300円＋税

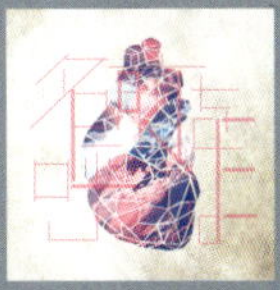

第1シーズン ENDING THEME
名前を呼ぶよ
ラックライフ
レーベル：ランティス
LACM-14469／1,300円＋税

第2シーズン OPENING THEME
Reason Living
SCREEN mode
レーベル：ランティス
【アーティスト盤】LACM-14543／1,800円＋税
【アニメ盤】LACM-14544／1,200円＋税

第2シーズン ENDING THEME
風が吹く街
ラックライフ
レーベル：ランティス
LACM-14547／1,300円＋税

劇場版 OPENING THEME
Deadly Drive
GRANRODEO
レーベル：ランティス
【初回限定盤（CD＋BD）】LACM-34729／2,200円＋税
【通常盤】LACM-14729／1,200円＋税
【アニメ盤】LACM-14730／1,200円＋税

劇場版 ENDING THEME
僕ら
ラックライフ
レーベル：ランティス
【CD＋DVD】】LACM-14734／2,100円＋税

第3シーズン OPENING THEME
セツナの愛
GRANRODEO
レーベル：ランティス
【初回限定盤（CD＋BD）】LACM-34867／1,900円＋税
【通常盤】LACM-14867／1,200円＋税
【アニメ盤】LACM-14868／1,200円＋税

第3シーズン ENDING THEME
Lily
ラックライフ
レーベル：ランティス
【アーティスト盤】LACM-14869／2,800円＋税
【アニメ盤】LACM-14870／1,300円＋税

ORIGINAL SOUNDTRACK

TVアニメ
『文豪ストレイドッグス』
オリジナルサウンドトラック
01
レーベル：ランティス
LACA-15574／3,000円＋税

TVアニメ
『文豪ストレイドッグス』
オリジナルサウンドトラック
02
レーベル：ランティス
LACA-15619／3,000円＋税

TVアニメ
『文豪ストレイドッグス』
オリジナルサウンドトラック
03
レーベル：ランティス
LACA-15784／3,000円＋税

劇場版
『文豪ストレイドッグス
DEAD APPLE』
オリジナルサウンドトラック
レーベル：ランティス
LACA-15694／3,000円＋税

DRAMA CD

オリジナルドラマCD
やや非凡なる日々
2,500円＋税
原作者・朝霧カフカ書き下ろしの脚本で描かれる、コミックス第1巻のスピンアウトストーリー

CHARACTER SONGS

キャラクターソングとミニドラマを収録した、アニメ版『文豪ストレイドッグス』のミニアルバム

キャラクターソング
ミニアルバム 其ノ壱
歌唱：中島 敦（CV.上村祐翔）、
太宰 治（CV.宮野真守）、
国木田独歩（CV.細谷佳正）
レーベル：ランティス
品番：LACA-15581
価格：2,200円＋税

キャラクターソング
ミニアルバム 其ノ弐
歌唱：江戸川乱歩（CV.神谷浩史）、
宮沢賢治（CV.花倉洸幸）、
谷崎潤一郎（CV.豊永利行）
レーベル：ランティス
品番：LACA-15582
価格：2,200円＋税

キャラクターソング
ミニアルバム 其ノ参
歌唱：芥川龍之介（CV.小野賢章）、
中原中也（CV.谷山紀章）、
梶井基次郎（CV.羽多野 渉）
レーベル：ランティス
品番：LACA-15583
価格：2,200円＋税

＊掲載の情報は2019年8月現在のものです

原作コミックス・ノベライズ・関連書籍

COMICS

文豪ストレイドッグス 1巻〜17巻

原作：朝霧カフカ　漫画：春河35
KADOKAWA／角川コミックス・エース
1〜5：本体560円＋税／6〜16：本体580円＋税／17：本体620円＋税
「ヤングエース」で連載中

NOVEL

文豪ストレイドッグス 太宰治の入社試験

著：朝霧カフカ　イラスト：春河35
角川ビーンズ文庫／本体560円＋税

探偵社にやってきた新入りの太宰治とコンビを組むことになった国木田独歩。怪しげな情報を追ううちに2人は「蒼の使徒」を巡る因縁に巻き込まれていく。

文豪ストレイドッグス 太宰治と黒の時代

著：朝霧カフカ　イラスト：春河35
角川ビーンズ文庫／本体560円＋税

織田作之助はいつものバーで太宰治、坂口安吾と酒を飲んでいた。そんなある日、首領の森鷗外から失踪した坂口安吾の捜索を命じられる。太宰の過去が描かれる過去篇。

文豪ストレイドッグス 太宰、中也、十五歳

著：朝霧カフカ　カバー・イラスト：春河35
角川ビーンズ文庫／本体600円＋税

7年前。15歳の少年・太宰治は《羊の王》である少年・中原中也と最悪の出会いを果たす。2人は《荒覇吐》を巡る事件に挑む。後に「双黒」と呼ばれる少年たちの邂逅を描く物語。

文豪ストレイドッグス 探偵社設立秘話

著：朝霧カフカ　イラスト：春河35
角川ビーンズ文庫／本体580円＋税

武装探偵社が設立された理由を紐解く物語。福沢諭吉は少年・江戸川乱歩と出会い、世話を見ることになるのだが、その最中、演劇場で起きた事件に巻き込まれて……。

文豪ストレイドッグス 55Minutes

著：朝霧カフカ　イラスト：春河35
角川ビーンズ文庫／本体600円＋税

ある夏の日、航行する島・スタンダード島を訪れた探偵社一行。そこではテロリストが未曾有の異能力兵器を起動しようとしていた。横浜崩壊の危機を救う死闘が始まる。

文豪ストレイドッグス BEAST

著：朝霧カフカ　イラスト：春河35
角川ビーンズ文庫／本体630円＋税

もし芥川龍之介が武装探偵社に入社して、中島敦がポートマフィアに所属したら……？　そんな2人の出会いがもたらすものは何か。立場の入れ替わった2人の「IF」を描く物語。

文豪ストレイドッグス外伝 綾辻行人VS.京極夏彦

著：朝霧カフカ　カバー・イラスト：春河35
KADOKAWA／本体640円＋税

殺人探偵・綾辻行人を監視する任務に就いた異能特務課のエージェント辻村深月。綾辻が解決を依頼された殺人事件には、宿敵である怪人・京極夏彦が関わっていた。

ILLUSTRATION

文豪ストレイドッグス 楽描手帖

著：春河35
原作：朝霧カフカ
KADOKAWA／角川コミックス・エース
本体800円＋税

COMICALIZE

文豪ストレイドッグス DEAD APPLE 1～2巻

原作：文豪ストレイドッグスDA製作委員会
漫画：銃爺
KADOKAWA／角川コミックス・エース
1：本体580円＋税／2：本体620円＋税
「ヤングエースUP」で連載中

文豪ストレイドッグス外伝 綾辻行人VS.京極夏彦

原作：朝霧カフカ　漫画：泳与
キャラクター原案：春河35
KADOKAWA／角川コミックス・エース
1巻：本体580円＋税
「ヤングエースUP」で連載中

SPIN OFF COMIC

文豪ストレイドッグス わん！ 1巻～5巻

原作：朝霧カフカ　漫画：かないねこ
キャラクター原案：春河35
KADOKAWA／角川コミックス・エース
1～4：本体580円＋税／5：本体620円＋税
「ヤングエースUP」で連載中

NOVELIZE

文豪ストレイドッグス DEAD APPLE

作：文豪ストレイドッグスDA製作委員会
著：岩畑ヒロ
本文イラスト：銃爺
角川ビーンズ文庫
本体620円＋税

アニメ 文豪ストレイドッグス 小説版

作：文豪ストレイドッグス製作委員会
著：香坂茉里
本文イラスト：oda
角川つばさ文庫
本体680円＋税

ANTHOLOGY

文豪ストレイドッグス 公式アンソロジー

編：ヤングエース編集部 原作：朝霧カフカ
キャラクター原案：春河35
KADOKAWA／角川コミックス・エース
麗・華・凛：本体600＋税／暁：本体640円＋税

STAGE

舞台 文豪ストレイドッグス SCENARIO AND INTERVIEW BOOK

作：舞台「文豪ストレイドッグス」製作委員会
著：御笠ノ忠次　原作：朝霧カフカ
編：角川ビーンズ文庫編集部
角川ビーンズ文庫
本体720円＋税

舞台 文豪ストレイドッグス 黒の時代 SCENARIO AND INTERVIEW BOOK

作：舞台「文豪ストレイドッグス 黒の時代」製作委員会
著：御笠ノ忠次　原作：朝霧カフカ
編：角川ビーンズ文庫編集部
角川ビーンズ文庫
本体720円＋税

GUIDE BOOK

文豪ストレイドッグス 公式ガイドブック開化録

監修：文豪ストレイドッグス製作委員会
KADOKAWA　本体1,400円＋税

文豪ストレイドッグス 公式ガイドブック深化録

監修：文豪ストレイドッグス製作委員会
KADOKAWA　本体1,400円＋税

文豪ストレイドッグス 公式国語便覧

著：佐柄みずき
監修：文豪ストレイドッグス製作委員会
KADOKAWA 本体1,200円＋税

文豪ストレイドッグス DEAD APPLE 公式ガイドブック煙霧録

監修：文豪ストレイドッグスDA製作委員会
KADOKAWA　本体1,400円＋税

角川文庫アニメイラストカバーコラボ

李陵・山月記・弟子・名人伝
著：中島敦
角川文庫

人間失格
著：太宰治
角川文庫

武蔵野
著：国木田独歩
角川文庫

D坂の殺人事件
著：江戸川乱歩
角川文庫

痴人の愛
著：谷崎潤一郎
角川文庫

羅生門・鼻・芋粥
著：芥川龍之介
角川文庫

汚れつちまつた悲しみに……
中原中也詩集
著：中原中也
角川文庫

天衣無縫
著：織田作之助
角川文庫

堕落論
著：坂口安吾
角川文庫

みだれ髪
著：与謝野晶子
角川文庫

斜陽
著：太宰治
角川文庫

ドラコニアの夢
著：澁澤龍彥
角川文庫

セロ弾きのゴーシュ
著：宮沢賢治
角川文庫

高野聖
著：泉鏡花
角川文庫

福沢諭吉「学問のすすめ」
ビギナーズ 日本の思想
著：福沢諭吉　訳：佐藤きむ
解説：坂井達朗　角川ソフィア文庫

舞姫・うたかたの記
著：森鷗外
角川文庫

インタビュー集

中島敦役 上村祐翔
芥川龍之介役 小野賢章

福沢諭吉役 小山力也 × 森鷗外役 宮本充

フョードル・D役 石田彰

2人の敦

アニメ版中島敦役 上村祐翔 × 舞台版中島敦役 鳥越裕貴

鼎談

プロデューサー 倉兼千晶
アニメーションプロデューサー 鈴木麻里
原作編集担当 加藤浩嗣

鼎談

原作 朝霧カフカ
監督 五十嵐卓哉
シリーズ構成・脚本 榎戸洋司

BUNGO STRAY DOGS INTERVIEW

Uemura Yuto
Ono Kensho
Koyama Rikiya
Miyamoto Mitsuru
Ishida Akira
Torigoe Yuki
Kurakane Chiaki
Suzuki Mari
Kato Koji
Asagiri Kafka
Igarashi Takuya
Enokido Yoji

上村祐翔

中島敦役

今までの敦を塗り替えて もっと愛を注いでいく

――第3シーズンを駆け抜けて、どんな思いがありましたか？

上村　シリーズが始まって、もう3年が過ぎたんですね。長い年月をかけて積み重ねてきた歩みを止めずに、敦とまた進んでいけることがうれしかったです。シーズンごとにいろいろな出会いがあり、そのたびに敦の新しい感情に気づかされ、そのうえで自分なりにひとつひとつ答えを出してきました。第3シーズンでは、その考えの根源にかかわる過去も明かされて……。

――第31話の院長のエピソードですね。

上村　いつも台本をもらって敦の感情を考えるのですが、第31話は本当に難しかったです。太宰さんは最後に「私に言えるのは一般論だけだ……人は父親が死んだら泣くものだよ」と言ってくれるのですが、敦としては院長を父親だと思ったことはないだろうし、今までされてきた行為は到底許せることではないですよね。敦のなかには院長に言われた言葉がずっと頭にこびりついていて、それを反芻して原動力にし、乗り越えてきた部分もあったわけで、今さらそれをひっくり返せと言われても、そう簡単にできるものではない。でも、なぜか敦なりに、そこに温かさみたいなものも感じていて……。敦としても、今、自分がどういう気持ちなのかわかっていなかったのだと思います。演じる前に宮野（真守）さんに、理屈ではなく、真っ黒だった院長への思いが少しずつ解かれていくイメージで、敦自身が「いや、でも」と自問自答するもどかしさもそのまま表現してみたらどうか、というアドバイスをもらい、そこから引き寄せていきました。

――ポロッとこぼれる涙が印象的なラストでした。

上村　実際の映像では声は入らずただ静かに涙が落ちていくのですが、収録では涙がこぼれた時の息を入れていました。音には出ていなくても、思いのこもったぜいたくなシーンになったと感じています。

――第3シーズンは、鏡花とルーシーに挟まれる敦という見どころもありました。

上村　仲間として、そばにいることが自然になってきた鏡花との関係性にルーシーが加わって、にぎやかさが増しました。ルーシーには女の子らしい精神的な成熟があるので、ルーシーが入ったことによって会話が一段、深くなるんですよね。鏡花の両親の話の時も、鈍感な敦に対して、鏡花を少し1人にしてやりなさいとたしなめてくれる。そんな気遣いができるところがお姉さんっぽくもあり、敦も彼女に感化されていく部分があるのかなと思いました。

――台頭したフョードルに対する印象は？

上村　どこにいるのかわからず、どこまでが本当なのかわからないことを言い……ずっと謎で暗躍していないですよね（笑）。彼の考えていることは、正直、まだまったく理解できてないのですが、「悪より暗く、おぞましい何か」とカル

※ニュータイプ2019年9月号掲載のインタビューを再編集しました

マが言っていたとおり、もはや悪ですらないように感じます。そこを突き詰めていくと、敦たちも何のために戦っているのかもわからなくなってしまうのですが……フョードルに翻弄されている感覚がすごくあります。

――福沢諭吉、森鴎外という2つの組織のボスにまでも大きな危機が及び……。

上村　いつも2人ともあまりに超然としているので忘れていましたが、この事件でこの方たちもいち異能力者なのだということを再確認できました。さらに、夏目先生が出てきて、ああそうか、この2人にも頭が上がらない人がいるのか、と(笑)。そんな高揚感を感じながら、僕としては「黒の時代」編の時に少年時代の織田作之助として夏目先生と会話しているので、こういう形で時代がめぐっていくことに感慨を覚えました。

――そして、今回、芥川との関係性にも変化が見てとれます。

上村　芥川とは第36話で今シーズンはじめて会話したんですよね。CM明けにいきなり同じ空間に入れられて、敦としてはとても身構えました。なので、テストで思いきり嫌悪感を出してみたら、「上村くん、やりすぎ」と言われて(笑)。ただ今回、敦が芥川に思わず言ってしまった強めの言葉に対して、ひとまず受け入れた芥川がいて、敦もあれ?と思いながらもいっしょに向き合っていく、というくだりには2人の成長を感じました。

――芥川との対峙は、上村さんのなかでもやはり特別な感覚があるのですね。

上村　意識的にやっているわけではないのですが、敦として芥川と接すると、思わず睨みを効かせてしまうんです。オブラートに包まないで本音をぶつけてしまうというか、心の底にあるパワーをお互いに引き摺りだしてしまうというか。彼らの根っこには〝同族嫌悪〟があるので、そこをより深めていければいいなと思いました。心底嫌いだけど実力は認め合っているという、どこまでいっても切れない関係なんでしょうね。

――ところで、第3シーズン冒頭に構成されている「十五歳」編のアフレコも見学されたとか。

上村　お邪魔したのは「十五歳」編の2話目の収録だったのですが、10代という意味では今の敦や芥川に近い年頃の太宰さんと中也を宮野さんや(谷山)紀章さんが演じられていて。そのこと自体にまずとても刺激を受けました。しかも、わかりやすく声色を変えているわけでもなかったので、その塩梅《あんばい》にも驚かされましたね。あと、アフレコの時点ですでにフルカラーの映像が入っていたので、そこで目にした画の印象もすごく鮮烈でしたね。若かりし日の太宰さんと中也の出会いの物語なのですが、こうして見ると敦と芥川の向き合い方とはまた違うんだなあと気づかされました。似ていると思っていたライバル関係なのですが、見え方が全然違う。敦や芥川にはまだ青さが残っていて、立ち向かうものに対する感情がわかりやすく発露するんですけど、太宰さんと中也の内面を読み解くのは一筋縄ではいかなくて。すごく考えながら見学しました。これを表現されている宮野さんや紀章さんはいったいどれだけのことを考えながらマイク前に立っているのだろう……と率直に不思議に思ったというか、計り知れないと思いました。

――その後のアフレコに向けて、大きな刺激になりそうですね。

上村　もちろんなりましたし、一層気合いが入りました。気合いといえば、「十五歳」編が終わって、敦たちが登場する話数に入ったタイミングで一度、音響監督の若林(和弘)さんたちとご飯にいったんですね。その時に宮野さんや紀章さんもいらっしゃって、いろいろありがたいお言葉をかけていただきまして。とにかく、皆さんに「この第3シーズンで一皮むけろ」と発破をかけられました。なので、その次の収録はめちゃめちゃ気合いを入れて。ただ、それがちょっと空回りしていたようで、五十嵐(卓哉)監督に「上村くん、ちょっとやりすぎ」とツッコまれてしまいました(笑)。その結果、若林さんと宮野さんが監督に「きみたちが飲みにつれていくからだよ〜」とか言われていて、なんだか申し訳なかったなあ、と(笑)。でも、そうやって、敦に慣れずに毎瞬間いろいろ考えながらやっていくしかないんだなあ、と、あらためて思い知らされました。

――ここまで敦を演じてきて、今、どんな思いがありますか?

上村　「文豪ストレイドッグス」という作品への愛や、アニメをより良いものにという想いが満ちている現場なので、第3シーズンではそこにまた戻ってこられたという喜びが一番にありました。ただ、敦としては、今までの彼を塗り替えないといけない難しい局面になっている気がして、これまで以上に敦のことを考えたシーズンにもなりました。敦と共に、楽しいと思える瞬間をもっとつくっていきたい、もっと敦に愛を注いでいきたいと強く思わされました。

小野賢章

芥川龍之介役

どんなに成長しても まだまだと前を見据える

――第3シーズンを駆け抜けて、どんな思いがありましたか?

小野　実は第3シーズンという感覚があまりなくて、気づいたらここまできていた、という体感でした。僕にとって芥川という人物は相当厄介で、彼と向き合う時間は一瞬も気が抜けなくて。おおよそこんな感じかな、という小手先で演じられるようなキャラではなくて……いや、どんなキャラもそんなふうにやっていないのですが、でも、芥川を演じる時には特に緊張感があるんです。考えても考えても、まだ気づかされることがある。そんな彼を追い求めながら必死にやっていたら駆け抜けていた、という感じです。

――第3シーズンはフョードルを中心に動いていきましたが、フョードルに対する印象は?

小野　フョードルは太宰さんと渡り合うだけあって、やっぱり食えないキャラクターというか、底の見えない恐ろしさが常にありますよね。なんだか、フョード

※ニュータイプ2019年9月号掲載のインタビューを再編集しました

ルを倒したら作品が終わっちゃうんじゃないか、というような(笑)、強敵ですよね。今回一応の決着はつきましたが、いまだに能力もわかっていないし、謎に包まれている。そして、石田(彰)さんの声がその謎をより深めているのを実感しながら収録していきました。それは第2シーズンの最後に登場した瞬間のインパクトから全開でしたけれど。

——シーズンを重ねるなかで、芥川にはどんな変化や成長があったと感じていますか？

小野　第1シーズンは、触れる者は全員敵、強い力をもつ者こそが正しい、というところから始まったんですけど、第2シーズンでは、敦と太宰さんの関係性や、自分ができなかったことを敦がやっている様を見て、芥川は影響というか衝撃を受けたんじゃないかと思います。ただ本人がそれをどこまで自覚しているかどうかは、計りかねるのですが。というのも、芥川はどんどん前に向かって切り拓いて進んでいこうとする人なので、自分がどのくらい成長しているのか、ということはあまり頓着していないように思えるんです。すごく成長していたとしても、まだまだだと前だけを見ている。現状に満足していない、というのが大きいんでしょうね。

——鏡花へかけた「よかったな」という言葉も、以前の芥川なら出なかったものだと思います。

小野　そうなんですよね。だから、すごく考えました。どういう気持ちで芥川が言っているのか……。いろんな可能性がありすぎて、皮肉めいているのか、太宰さんと同じような道を辿る鏡花に対しての嫉妬のようなものなのか、鏡花にとってよかったんじゃないかという素直な気持ちなのか。はたまた、そういういろいろな思いがごちゃまぜになって、意図せず出てきたものだったのか。収録前に五十嵐(卓哉)監督や若林(和弘)音響監督ともいろいろお話ししました。そこで、芥川自身も自分の感情を捉えきれていないところで無意識に出た言葉なのだろう、というところで合致して。でも、こういう瞬間に、相手に対しての言葉が出るということ自体に、芥川の成長を感じましたね。相手をちゃんと人として見られるようになったというか。

——そして、敦との関係性も前進しましたね。敦の言葉に必要以上に噛みつくこともなくなり。

小野　まず芥川が一歩先に大人になったのかも、という気がしています。第1シーズンの時には敦よりも圧倒的に強者という立ち位置だったのが、第2シーズンでは並ぶ形で共闘して、でも、映画で描かれたエピソードでぐっと大人になったなと感じて。芥川の切り拓いていく力と、私怨と目的をしっかり分けられるようになってきたというのはすごく思います。芥川はポートマフィア側なので、物語の表に毎回出てくるわけではないのですが、でも、描かれていなくとも敦たちに流れている時間と同じ時間が流れているわけで、変化も当然あって。第2シーズンと第3シーズンの間に映画のエピソードを入れていただいたことでその変化をしっかり追えたので、とてもありがたかったです。

——第30話では、銀が芥川の妹であることも明かされました。

小野　そうなんですよ！　しかも、衝撃的だったのは、芥川の私服(笑)。ということは、いつもの服は仕事用の服だったのか⁉と。まさかのサングラスだし。考えてみたら、これまであまり彼の私生活を想像したことがなかったので新鮮で、やっぱりまだまだ知らないことがたくさんあるんだと気づかされました。あと、あの話は樋口が大活躍でかわいいですよね。芥川はなんとも思ってなさそうなのがまたいい(笑)。

——今シーズンの収録現場は、いかがでしたか？

小野　最近はずいぶん収録がスムーズにいくようになっているので、少しずつでも芥川に近づけているのかな、と思えるようになってきました。だって第1シーズン初回なんて、抜き録りさせていただいていたのに3時間かかりましたからね……。スタッフさんもキャストも作品への想いが熱くプロフェッショナルな方ばかりなので、そんな現場でシリーズを重ねていけていることは本当に幸せなことだと思います。それから、この作品の収録現場ならではの思い出といえば、若林さんが差し入れしてくださるパンがすごく美味しいということです(笑)。

——小野さんにとって、この作品はあらためてどんな存在になっていますか？

小野　僕にとって、あらためてアニメーションっておもしろいと思わせてもらえるシリーズです。スタッフさんも共演の皆さんも作品への想いが熱く、プロフェッショナルな方々ばかりそろっていて、そんななかでシリーズを重ねていけているのは本当に幸せなことだと思います。ひとまず第3シーズンはここで終わりなのですが、芥川としては第2シーズン、映画、今シーズンとどんどんと成長してきているので、できることならこの先も芥川が大人になっていくさまを演じていけたらうれしいです。

小山力也×宮本充

福沢諭吉役　　森鴎外役

薄暮と夜を取り仕切る組織の長として

―第3シーズンに至って、どんな思いがありますか?

小山　最近は1クールの作品が多いので、作品になじんで、演じ手としていろいろ遊び心ができて、座の空気が良くなったところに終わってしまう感覚なので、続けて演じていけていることが本当にありがたいですね。とくにこの作品は、20代から60代までと幅広い世代が集まる収録なので、たいへん刺激的ですよね。皆さんの芝居を聞かせていただいて、まだまだ負けないぞと思ったりね。

宮本　いや、本当にそうですね。芝居のアプローチにしても、「なるほど、これは自分にはないものだな」と思ったり、他にも気づくことがたくさんあって、そうやって芝居を重ねていけるのは楽しいですね。若い方々も皆さんすごくまじめで、良い空気を作ってくださるので、年長者としても安心してなじめる。小山さんはいつも隅っこのほうに座って、修行僧のようにしていますけれど、それもまた良い。

小山　そうなんですよ、私はね。で、宮本さんは前のほうに座ってね。

宮本　ディレクターから見えない場所に座っているんです。

小山　ああ、そういう作戦だったか（笑）。まあ、この現場はみんな、キャラクターを半分脱がない感じでやっているのがおもしろいですね。全部をカッコつけるんじゃなくて、キャラクターと本人が半々くらいになっているのが、ちょうどいい。

宮本　役に入りすぎてもダメだとみんなわかっているから、用意して声を決め込んでくる、みたいなことはやらないんですよね。キャラクターと自分、その境目がわからないくらいのバランスでやっているところが肝なのかもしれない。

―それぞれの人物をどう捉えて表現してきましたか?

小山　剣の達人であり、鉄の意志があるというところを大切にしています。大義のためには人を斬ることも躊躇しない。正道を行くためには、悪は駆逐せねばならないというところに迷いはない。その揺るがなさに魅力を感じます。で、時々ちょろっとお茶目さが垣間見えるのもいい。お茶目というか、おちゃ……ぐらいですけれど。

宮本　一方、森鴎外は、捉えどころのない何か変なおっさんです（笑）。飄々として……と口で言うのは簡単なのですが、表現するのはすごくやっかいでもありまして。ずっと「どういう人なんだろう、この人は」と考え続けています。でも、今回、12年前の過去の鴎外も描かれたことで、それを解くカギのひとつを得られた感覚があります。感情の出し方にも若さがあって。それからこれは演じていて感じたのですが、夏目先生の話をするときに、妙に今までの自分にない声が出たようなところがありまして。それに自ら驚いたりもしましたね。

―今シーズンでは、そんな2人のぶつかり合いも描かれました。

小山　若い時のような嫌悪や敵対心を出さないように気をつけました。12年前は夏目先生に対する信頼と忠誠があるから抑えていたけど、なんでこんな男と！って気持ちが大きかったと思うのです。ただ、関係性ができていくなかで、ああ、夏目先生はこいつのここを買っているのか、みたいなことがわかってきて、妙な親近感とライバル心が生まれてきたのかな、とか。それが12年後、2人とも組織の長として成熟もして、もう互いに認めてもいるタイミングで命のやりとりをするしかない局面が訪れる。そういう展開も現実として冷静に受け止められる度量がどちらにもあるわけで、その懐の深さ、かっこよさを表現したいと思いました。

宮本　本当にそうですね。福沢と鴎外が対峙する中で、12年前と現在がクロスオーバーしていくところが大変おもしろかったです。鍔迫り合いを重ねながら、モノローグで相手を認めるようなことを言っていて、その関係性が魅力的でした。

――それぞれの組織にどんな魅力を感じていますか？

宮本　我がポートマフィアを見ていると、自分に迷っている部下がたくさんいて、個人的にはそれがいいなあって感じています。葛藤を重ねながら戦う、そういう若者たちの姿が僕は好きです。はたから見ると武装探偵社はけっこう、びしっとしているんですよ。福沢殿が死ねば闘争は終結するけれど、鴎外が死ぬとマフィアは報復に走って制御不能になる、というのはその通りかなと思います。

小山　あなたのところはならず者ばかりですからねえ。そういう意味では、うちは福沢道場の主と門下生という感じでしょうか。みんなそれぞれ心に傷を負っていたり、失敗もしがちではありますけど、福沢はそんなみんなの成長を見守っている、自分が育てているという意識があって。みんなの命を大事にしようとしているし、みんなの将来を大事にしようと思っているし、彼らの活躍を願っているんですね。一方、そちらさんは、アメリカとかブラジルの総合格闘技のチームのような……。「剛力」とか「最強」とか漢字のタトゥーを入れて、勝つためには反則もする、みたいなイメージもあります。

宮本　えっ、我々、そんなにも乱暴者なイメージ!?　でも、おもしろいですね。片や、勝って「おおっ！」と喜びを表に出したら負けになるような静粛な武道の世界の人間たちというわけだ。

小山　そうそう。美意識の勝負です（笑）。

――ただ自分たちの街であるヨコハマを守るという一点で思いが一致しているのですね。

小山　そうですね。武装探偵社は薄暮、ポートマフィアは夜を守る。やっぱりヨコハマというのは黄昏なんですよ。

宮本　また、そんなこと言って。世代的にわからない人もたくさんいるでしょうに（笑）。

――そのほか、印象に残っている場面は？

宮本　やはり「十五歳」編で中原中也が鴎外に組織の長について問いかけるところでしょうか。鴎外の答えを聞いて中也がすっとひざまずく。言葉の力で、どうしようもなくやんちゃな中也を傅かせる。演じる側としても、セリフの力で人を動かすという醍醐味があって、大好きなシーンです。

小山　小山的には第36話の夏目先生の登場シーンですね。ディレクター曰く「いくつになっても弟子は弟子」。夏目先生の前では、いち門下生になってしまう福沢と鴎外が新鮮でした。2人にとって、自分を育ててくれた根本、自分の帰るべきところ、自分の芯としての師はこの方なのだなあ、と直感的にわかるシーンです。

宮本　そうですね。夏目先生が「では何をチャンスとする？」と言った時、福沢と鴎外が同時にハッと気づく。あれは良かった。自分に置き換えても、夏目先生役として今回（大塚）芳忠さんがいらしたことで背筋が伸びたところがありますし。いくつになっても自分に薫陶をもたらした方というのは、常に大きな存在なんですよね。なので、夏目先生に向けて声を出す時は、いままでとは違う鴎外が出たのだと思います。裏に何もない素のところを出せたんじゃないか、と。

――あらためて、このシリーズはご自身にとってどんなものになっていますか？

小山　私は、何といってもこの世界では社長ですからね。「私が社長だ！」と言える、このうれしさたるや。魅力あるすばらしいキャラクターがいっぱい出てきますけど、なにしろ私が社長ですから（笑）。なーんて話はさておき、このシリーズは物語が重層的で、糸が絡んで絡んで、でも、それがきちんとあとからほどけて。ひとつも無駄な絡みがなかったことがわかっていくのがとても好きです。ひとつの美術品を見るように、大事にして楽しんでいただきたいなと思いますね。そんな時、たとえば、こういうガイドブックを読むと、気づいてなかった魅力を発見できたりもすると思います。だから、絶対に2冊買ったほうが良いです（笑）。読み込む版と永久保存版とをね。

宮本　（これまでのガイドブックを読みながら）わ、これ、相関図が載っているんだ？　これはいいですね。僕、この本の存在を知らなかったので、収録の前にいつも自分でメモを書いていましたよ。ポートマフィアと武装探偵社の関係性とか、いろいろ書き込んでおくんです。

小山　この方、本当に真摯な方ですからね。宮本さん流のやり方、すてきです。でも、この本を読めば全部載ってます（笑）。

宮本　次からは存分に活用させていただきます（笑）。

――宮本さんはいかがですか？

宮本　僕にとって、この作品は……物語の行く末がわからないまま、森鴎外の根っこを探しながらやっているのですが、人生の一部というと大げさですが、この作品とずっと歩んでいくのだろうとすごく思っています。森鴎外がどういう人物か、すべてをわかってなんかないし、収録のたびにいろいろな発見があるのですが、それでも最近は森鴎外は、もしかしたら僕にしかできないんじゃないかと思うようになってきました。本当にいっしょに歩んでいるような感覚があります。

BUNGO STRAY DOGS

石田彰

フョードル・D役

フョードルの思惑を理解できるのは

――フョードルの謀略がついに表出した第3シーズンとなりました。

石田　たしかに、いよいよ彼が動き出したシーズンではありましたが、でも何だろう……「まだまだ序の口なんだけど？」みたいな感覚です（笑）。いかんせんフョードルに関しては、語られていない部分が非常にたくさんあって。彼について、ひょっとしたらこういうことなんじゃないか、とわかったような気がしても、それはミスリードを誘っているのかもしれないとも思えて、結局わからない。今のところ、そのわからなさ自体が彼なのだという印象ですね。

――演じる上では、そんなフョードルをどのように捉えていったのでしょうか？

石田　第2シーズンのラストで初登場した時は、本当に雰囲気のみのシーンだったと思うのですが、何かありそうな人というところを表現しました。それが、どうやら本当にちょっと厄介な人らしいというのを描いたのが続く映画であり、今回の第3シーズンだったと思います。

〝そういう方面〟の能力が高い人物なのだろうということは、初登場時の演出から一目瞭然だったんじゃないかと思うのですが、実際、裏社会に斬り込んでいくような人であるわけで。真っ当な世界の人間ではないのだろう、というのが、まず第一の要素ですよね。その上で、どうやらフョードルは、今のこの世界が気に食わないらしく、すべてを壊してまっさらにしようとしているらしい。そういう価値観をもつ人物であるとかろうじて理

※ニュータイプ2019年8月号掲載のインタビューを再編集しました

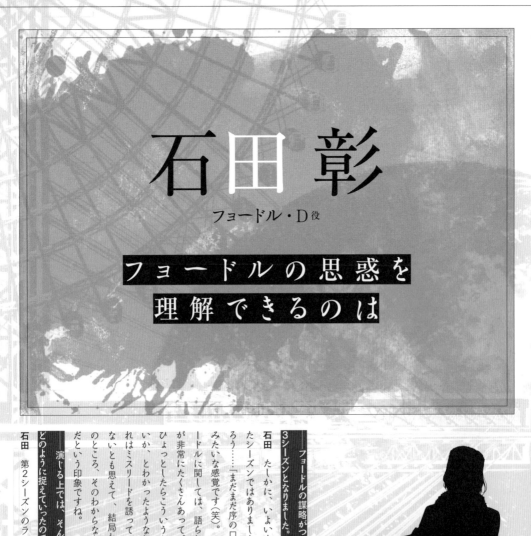

解しながら演じた、という感じでしょうか。いや、でも、どうだろうな。世界を無に帰そうとするような人物というのは、この作品に限らずあらゆる物語にしばしば登場しますが、そういう人物の考えを本当の意味で理解することなんて他者にはできないんじゃないかとも思えます。フョードル役を担う僕は、わかっていなければならない立場なのかもしれないけど、正直言ってやっぱりわからない。彼の思惑を理解できるのは本人だけなのではないでしょうか。

——「死の家の鼠」の頭目でもありますが、その組織の在り方もいまだ謎に包まれていますね。

石田　今回登場した一応仲間であるらしい、プシュキンやイワンといった面々の印象というのも僕自身にはほとんどなくて、フョードル自身もあまり彼らをあてにしていないように見えます。それも実際どうなのかはわからないわけですけれど。でも、そう見えるところが、これまで登場してきた組織の一員として動く異能力者たちと違う独特な面なのだと思います。

——しかも、いまだに異能力の詳細も明かされていない、と。

石田　今シーズンでは、彼の能力が明かされるエピソードなのかと思いきや……、という話もありましたね。台本を読んで、思わず確認してしまいました。「これは、この能力ではないということでいいんですよね？」と。もはや、それすらミスリードなのかもしれないと思えてきてしまうんですよ。

——第29話のエースとのエピソードですね。フョードルの強さをまざまざと見せつけられました。

石田　明らかに、こちらが格上なんだぞっていうね。ちょっとやそっとの揺さぶりでなんとかできるような人物ではない、ということをはっきり見せられたのではないかと思います。フョードル登場以前のこの世界を支えてきた人たちと相対する存在として、強さの印象づけができたエピソードだと思っています。

——第33話では太宰と言葉を交わします。どんな感覚がありましたか？

石田　太宰はまわりの人間たちからの信望があって頭の切れる男だと思うのですが、フョードル視点でいえば、負ける気がしないと感じました。

——「人は罪深く愚か——」のあとに続ける2人それぞれの言葉の差異が印象的でした。

石田　はっきりと信条の違う者同士でしたね。同じことを考えているのに、そこへ向かう道すじが違うというパターンではなく、シンプルに求めているものが違う。その違いはおそらく最後まで決定的に違うものだと思うし、とことん殴り合ったのちにわかり合う、ということもない関係性でしょう。立ち位置が明白なのがいいなと思いました。

——第34話でのチェロを弾きながら語る場面は、どのように表現されましたか？

石田　アフレコ時、「チェロはこういう音になります」と旋律を流していただき、テストではその旋律にセリフをのせていくという過程を経られたので、その記憶をたよりに本番に臨みました。本番中は音を流すわけにはいかないのですが、チェロの旋律と弾きながら話す間合いとがうまくシンクロしたらいいな、と。さらにそこに、チェロを弾きながら話していること自体の余裕感みたいなものものっていたらいいなと思います。

——子供が犠牲になるシーンがオーバラップするシークエンスでもありますね。

石田　フョードルは「死の家の鼠」の部下ではない者たちも巻き込んで手駒として操るんです。大人だろうと子供だろうと聖職者であろうと「関係ありませんが、何か？」と言わんばかりに……。そういう倫理観に縛られずに遂行していくところは〝罪と罰〟的だと言えるのかもしれませんが、やはりそういう描写は心に刺さります。演じている時には、そういう行動をとるフョードルの内面をことさら意識することはないのですが、でも、こうして振り返ってみると、これを平気でやれてしまうのは、まあ、人でなしというか怖い人だと思いますね。顔色ひとつ変えずにやるヤツというのは、一番やっかいだよな、と。

——第3シーズンのアフレコ現場の雰囲気はどんなものでしたか？

石田　現場の空気感というと、僕にとってはやはり同じブースの中で誰といっしょになるか、ということが大きくなるんですね。でも、フョードルの登場が変則的であることもあって、キャストのみなさんが勢ぞろいしている場面にはまだなかなか出くわしていなくて。なので、この「文豪ストレイドッグス」のチームのパワーを目の当たりにするのは、まだこれから先のことになるのかなあと思っています。

——フョードルの今後に関して、どんな思いがありますか？

石田　今シーズンは、それでもまだジャブを打っている感じだったので、アニメーションでこの先の展開が描けるのであれば、太宰やヨコハマの異能力者たちとがっぷり四つでやり合いたいものですね。フョードルを取り巻く環境が、さらにおもしろみを増していくことを期待します。

2人の敦

上村祐翔
アニメ版・中島敦役

×

鳥越裕貴
舞台版・中島敦役

2人がかたどる中島敦という熱

——アニメ、舞台でそれぞれ中島敦を表現してきたお2人。これまで敦を演じる中で、その魅力は何だと思いますか?

上村　序盤の敦は、とても強い異能力をもちながらも自分は不完全だと感じていて、自分以外の人に居場所を求めてしまうところがありました。そういう煮え切らない部分は誰しもあるし、目を逸らしがちなものだと思うのですが、でも、敦はそこに立ち向かっていく。その強い想いに惹かれます。やっぱり応援したくなる主人公だなと感じています。

鳥越　素直で懸命で、愛おしい存在ですよね。「どんだけやられるの?」というくらい傷を負っても突き進もうとする。結果として、そのエネルギーがまわりのことも動かしていくんですけど、それってなかなかできることじゃないなあ、と思います。それに、かわいらしい仕草もちょいちょいあって。僕、四つん這いの敦が好きなんですよ。お尻がプリッとしてるあの感じが(笑)。なので、舞台でもけっこう使わせていただいています。あ、あと、僕、アニメの「黒の時代」で、少年時代の織田作の声を上村さんがやられていたのも衝撃でした。本編を見ていて、「えっ、ちょっと待って、この声、誰!?」とクレジットを確認したら、上村さんで。その意味合いの深さにも、表現自体の深さにもびっくりしてしまいました。

上村　あれは僕も驚きました。でも、これは五十嵐(卓哉)監督からのメッセージなんじゃないかと解釈して、臨みました。「黒の時代」の現場に触れることで、太宰が経験した織田作と安吾との時間に、僕も何かを感じて、何かを受け止めなく

Uemura Yuto × Torigoe Yuki Interview

ては、と。実際、そこで得たものが敦としてのその後のエピソードに色濃くつながっていったので、本当に大切な経験になりました。

鳥越　そういう意味では僕も、舞台版の「黒の時代」を客席から観劇して、谷口賢志さん演じる織田作からバトンを受け取った感覚がすごくあります。織田作の叫びに心が引き裂かれる思いで、ぼろ泣きして感動して。実はそのあと、賢志さんと飲み明かしてしまったくらいです。

――これまでの敦を振り返って、特に印象に残っているシーンがあったら教えてください。

上村　本当にたくさんありますが、たとえば、第10話の「だって、太宰さんは、探偵社は僕を見捨てなかった」というセリフですね。今でもその時のディレクションをよく覚えています。言われたのは、画ではポロっと涙がこぼれるのですが、でも、心は泣かないでくれ、と。なぜなら、ここでの敦にあるのは感傷ではなく確信だから、そこに涙はいらない、と。何度もテイクを重ねて、その意志を込めていきました。敦自身が成長するにあたって、初めのターニングポイントだったのかなと思っています。

鳥越　すごくわかります！　舞台でもそこは、自分自身への問いかけからどんどん気持ちが入っていくシーンでした。ほかに演じていてカチっとスイッチを押されるのが、芥川に言う「誰かに生きる価値があるかどうかを、お前が決めるな！」という部分。何度、公演を重ねても、その感情の流れに飲み込まれていく自分がいて。毎回、新鮮にそこに向かっていましたね。

――「双黒」と呼ばれた太宰と中也の跡を継ぐ存在とも語られている敦と芥川ですが、2人の関係性をどのように捉えていますか？

上村　基本的にはお互いがお互いを嫌いなのですが、客観的に見ると「同族嫌悪では？」という感じですよね。お互い認めないとは思いますが、嫌い合っているからこそ思いをぶつけ合って、結果的に切磋琢磨している。ずっとそうやって、ヨコハマの地で対峙していくんだろうなと思います。演じていると毎回、芥川とのシーンは新鮮な気持ちになるんですよね。「また絡んできた！」とも思うんですけど(笑)。でも、いつも敦が思ってもみない言葉や行動を投げつけてくるし、それに対して敦もこれまでにない反応をする。常にドキドキ感がありますね。

鳥越　バチバチやってる2人だけど、いい関係だなって思います。初めて見た時は、「この子たちは兄弟なのかな」って思ったくらい似た匂いがあった。あと印象的だったのが、第2シーズンのクライマックス。白鯨《モビー・ディック》の上での敦と芥川のやり取りは、とにかくカッコよすぎます。ただ、舞台で芥川と接して思うのは、上村さんがおっしゃっていたこととも重なりますが、めっちゃしつこい(笑)！　すぐに技を出すし、敦として生身で受けるとダイレクトに圧を感じて「もう、いやっ！」ってなるんですよ。そんなことも含めて刺激的ですね。

――作品を重ねて、お2人それぞれにとって「文豪ストレイドッグス」とはどんなシリーズになっていますか？

上村　僕としては3年以上前から携わらせていただいてきて、自分と切っても切り離せない作品になっています。この作品世界における異能力とは、その人物の人間性が発端となって顕れたものだとも言えると思ったので、それを自分の力として使いこなすためにはやっぱり自分自身を見つめ直さなければならなくて。そうやって敦と向き合い続けて、泥くさくもがいて生きていく、立ち向かっていく中で、すごく人間味のある物語を描けてきているのではないかと思いました。

鳥越　僕が作品を知るきっかけになったのは、もともと友人の勧めで。すごくおもしろい作品があると聞いて、そのタイトルが「文スト」だったのですけれど、その時は、本当？と半信半疑でいたんです。でも、アニメを観て、すまん撤回するわ、と思って。何度も繰り返し観て、その度に深まっていく作品でしたね。異能力者の話でありながら、誰にもどこかしら自分とリンクするところがある普遍性のある作品で、とてもやりがいを感じています。舞台から入ってくれた方も「これから漫画読むわ」「アニメ観るわ」と言ってくれる人も多くて、すごく伝わる物語なんだなあって。そんな中、舞台というのは生で伝えていける表現なので、また違う感覚を描けると思います。アニメや漫画から気持ちを受け取りながら大切にしていきたい作品です。

鼎談

倉兼千晶×鈴木麻里×加藤浩嗣

プロデューサー　アニメーションプロデューサー　原作編集担当

—ひとつの節目を迎えられてのお気持ちはいかがですか？

鈴木　第37話にはスタッフ一丸となってぶつかり、終わった瞬間は頭が真っ白になりました。正直、オンエアから数週間経った今もまだフワフワしています。

倉兼　そのタイミングで、舞台版がアニメの第2シーズンに当たる「三社鼎立」をやっているっていうのも、不思議な感覚になりますよね。

鈴木　そう、そう。「次は劇場版を作るぞ！」っていうところまで、気持ちが引き戻されてしまいました(笑)。

倉兼　敦と芥川が共闘して敵を倒すという点で第3シーズンのラストとも一致するのに、彼らのメンタルの在り方が全然違うので、また成長の差が浮き彫りになるんです。そもそも原作はアニメより先に進んでいることを思うと、加藤さんなんて、もっと感情が迷子になるのでは？

加藤　懐かしさとかは、そんなにないんですよ。原作が通ってきた道をなぞりつつも、常に新鮮な気持ちで、アニメでそれぞれのキャラクターたちの「今」を楽しませてもらっています。

—あらためて、さまざまに〝足掻く者〟であるキャラクターたちの成長を振り返って、思われることは？

倉兼　ちょうど第3シーズン終了後に全話見直したのですが、やはり主人公の敦は一番成長の振り幅がありました。第1話と今では、だいぶ印象が違いますね。劇場版をアニメオリジナルのエピソードで作る中で「共喰い」前に「最後は敦と芥川の2人で倒しちゃダメなんじゃない？」という話になって、鏡花も入れることで「若い3人に頑張っていただきましょう」というところに落ち着いたんです。それが第3シーズンになって、鏡花の助けを借りることなく、2人で倒すというところが最高に熱かったですね。

鈴木　芥川との関係性もシリーズを通して変化していってますしね。敦は成長しました。もう少年ではなく、青年と言っていいのではないかと思うくらい。

—「ストレイドッグに」と、敦と太宰が乾杯するラストシーンについては、どのように受け止められましたか？

鈴木　今の世の中、誰もが迷い犬みたいなものですから。あれは「みんなに乾杯」ということかなと思っています。

加藤　そうですね。迷いがないのは、梶井と賢治くらいのものでしょうか。

倉兼　梶井が絶好調だと、なぜかこちらも元気になってしまいます。たとえ負けても、負けだとは思っていない。実験に失敗はつきものですからね。

鈴木　梶井まで突き抜けると世の中と相容れなくなってしまいそうですが、賢治のメンタルは見習いたいものです。「クビになったことがないから、なってみたい」っていうのも、可愛らしかったですね。

—アニメを構築する朝霧先生、五十嵐監督、榎戸さんのやりとりを見守られる中で印象深いことを教えてください。

倉兼　雲の上の会話を聞いているようだなあと思うこともありましたね。

加藤　それこそ「三社鼎立」だと思います。朝霧さんがフランシスかな？

鈴木　森鴎外が五十嵐さん、福沢諭吉が榎戸さんでしょう。

倉兼　榎戸さんが調停役でしょうか。

鈴木　互いの意見を聞こうとするスタンスが、素晴らしいと思います。言われたことを一回受け入れて「じゃあ、どうしようか」と考える。実はそう簡単なことではありません。

加藤　ありがたいことに、監督たちの作品への理解度と熱意がすごくて。僕が口を挟む必要も、ほとんどありませんでした。

鈴木　本当にそうでしたね。第3シーズンでは、榎戸さんの筆も早くて……一方で監督が「十五歳」編のコンテを3話とも全て担当したのですが大変で……、最終回終わってから、2人で反省会をしました。「気持ちだけで何もかもできるわけじゃないね」と(笑)。

—音楽も、アニメの繊細さや爆発力を担う一軸となっていました。

鈴木　第37話のSCREEN modeさんの挿入歌は7分もあるんですよ。しかも、アニメオリジナルの編曲で、あのバージョンはアニメだけでしか流れないんです。

倉兼　最初は、こちらで調整するつもりだったんです。そうしたら作曲を担当されている太田雅友さんが「こっちで作った方がカッコ良くないですか？」とご提案くださったんです。本当に、いろんな方の気持ちによって作られていますね。

加藤　毎シーズン、映像も含めてエンディング、オープニングが素晴らしかったですね。

鈴木　エンディングが本編にかぶらせがちだったことは、申し訳ないなあと思っていました。どうしても尺が足りなくなってしまう。

倉兼　積み重ねてきたからこそ出せるものって、絶対にあると思うんです。特に第3シーズンでは「アニメを楽しんでくださった皆さまの応援があってこそ、ここまでこられました」というものを伝えられるものになっていたのではないでしょうか。

―アニメの展開とともに、さまざまな企業や文学館とのコラボも展開しましたね。

倉兼　加藤さんからも「名前をお借りしている以上、きちんと〝文学〟というものへ、お返しをしていきたい」というお気持ちを伺っていたので、最初に文庫のカバーを掛け替えられた時は、文芸部門があるKADOKAWAだからこその第一段階でもあり、良かったなと思いました。そこから全国の文学館さんにもファンの方たちが行ける環境が整っていって、堅苦しくなく文豪にふれていただく機会を作れたことは、光栄でしたね。

加藤　僕らが漫画の企画時点からやりたかったことを叶えてくれて、ありがとうございます。まだアニメ化前、最初に神奈川近代文学館さんからお声掛けをいただいた時や、読書推進ポスターを作らせていただいた時も本当にうれしかったですね。

鈴木　文庫はキャラクターデザイン・総作画監督の新井(伸浩)さんが、自ら描いてくださったのですが、純文学とアニメーションが交わることって、そうそうないので、本当にすてきな機会に恵まれたと思います。

倉兼　その、作品として最初にコラボされた神奈川近代文学館さんが、今秋、中島敦展をやられるんですよ。第3シーズンが終わったタイミングで、ついに敦の番が来た！　大々的にコラボさせていただく予定で、本当に楽しみです。

―皆さんが、ここまで作品に携わってこられた中で思い出される出来事は？

加藤　よく朝霧先生も「(春河)35さんの絵がなかったら、こんなに売れていないよね」と言うのですが、春河さんのキャラデザインと、新井さんのアニメへの落とし込みも含めて、本当に恵まれたアニメ化になりました。思えば、最初に漫画を企画した時は、季刊誌連載の予定だったんです。その雑誌がなくなり、月刊でお願いすることになったという。春河さんなんてほとんど漫画を描いたことがなかったのですが、お2人とも本当に頑張ってくださいました。

倉兼　お2人ともこれがデビュー作って信じられないですよ！

加藤　朝霧さんが、五十嵐さん、榎戸さんと初顔合わせした時、いきなりホワイトボードに「僕が作品で大事にしようとしていること」と、書き始めたのにはビックリしたのですが、お2人が、そんなデビューしたての新人作家さんの気持ちを真剣に聞いてくださっているのを見た時、この方たちなら任せられると思いました。

鈴木　それより前に、倉兼さんと私と3人で会った時……加藤さん「この作品でヒットしたいです」とおっしゃったのは覚えていますか？　その一言が、あまりに私には重たくて(笑)。

加藤　場の緊張をほぐそうとして、失敗したのでしょう(笑)。

鈴木　それから、どこかずっと、あの一言のために頑張っているようなところがありました。「加藤さん、喜んでくれるかな」って。

―「その方が幾分かは素敵だ」という織田作の言葉のようですね。

鈴木　本当ですね。倉兼さんとは、2人で飲みながら、ひたすら芥川について話し合った夜のことが忘れられません。私たちは、製作委員会を通して、たくさんの人たちが原作やアニメの世界を広げようと努力するのを見てきたわけですが、これだけシリーズが続く中でも、原点の関係のままでいられてるっていうことだけでも、すてきな作品である証だと思います。

倉兼　どんな作品であっても、如何にアピールしていくか話し合う中で、意見の衝突は避けられません。でも、それが常に「どう作品を良くしていくか」という方向性のもとにあったのは、奇跡にも等しいんですよ。監督たちと「打ち上げで、ハイタッチできるような作品にしたいね」と話したことが叶えられて良かったです。最終的には、メーカーが現場のためにできることって、カップラーメンを差し入れるくらいなんですけど……。

鈴木　倉兼さんには、本当にたくさん協力していただきました。追い込まれている時には、若干重たく感じるくらいの熱量でしたが(笑)。

倉兼　そんな私の暴走をいつも止めてくださるクールな鈴木さんが、第1話の先行上映会を終え、楽屋に入った瞬間に、ポロポロ涙されたことが忘れられません。

鈴木　あれは緊張してましたから！　朝霧先生と春河先生も来られていて。

倉兼　第1話って、作っているあいだはまるで世に出ないわけで、自分たちで「私たちは、すごく良いものを作ってる！」って信じ続けないと心が折れてしまいそうにもなるじゃないですか。メーカー側としては、そんな一番制作に携わっている鈴木さんに届くものがきちんと作れたのなら、これは大丈夫だと確信しました。

鈴木　ありがとうございます。監督に「シリーズを続けるならまた同じスタッフとやりたい」と言っていただくのが、制作プロデューサーとしての一番の目標でもありました。もし、またこの作品に携われる時がきたら、変わらない座組でお届けしたいですね。

加藤　はい。原作では、この先にも魅力的なキャラクターがまだまだたくさん出てくるので、個人的にはアニメで続きを見たい気持ちでいます。書店さんであったり、できるだけ関わる人が幸せになってほしいという思いで作っている作品なので、アニメをきっかけに、皆さんが楽しんでくださっているのが伝わってきて、本当にうれしかったです。

倉兼　原作の先生たちがゼロから立ち上げられたものをお預かりして、本当に何も決まっていないところから、ここまで大きく広げられたことを本当に幸せに思います。これからも、皆さんの中に生き続ける作品になってくれたら、うれしいですね。

鼎談

原作 **朝霧カフカ** × 監督 **五十嵐卓哉** × シリーズ構成・脚本 **榎戸洋司**

「十五歳」編をアニメ化するというサプライズ

——第3シーズンの制作お疲れさまでした。今の心境はいかがですか?

五十嵐　スタッフの皆さんが真摯に作品に臨んでくださったおかげで、決して潤沢な制作期間ではないにも拘らず、納得のいく作品になったと思います。

朝霧　僕は、ホン読み(脚本打ち合わせ)に参加していましたが、そのあとは視聴者の皆さんと同じく、素晴らしい映像をワクワクしながら見ていました。とくに第3シーズンの後半はサスペンスものになっていて、自分で描いた物語でありながらも、毎回「ここで終わるのか、続きはどうなるんだろう」とハラハラしていて。今も、もっと見ていたいという気持ちです。

榎戸　原作が続いている作品なのですが、アニメとしては第37話をいかに最終回らしく見せられるかが大事だと思っていました。とりあえず最終回らしく終えることができたのかなと。僕は1年くらい前に脚本の作業が終わっていたので、正直第37話を見た感想は「ええっ、もう来週からは放送がないの?」でしたね。

五十嵐　第37話の放送前々日にV編(ビデオ編集・放送フォーマットにあわせて編集する最終工程、最後のリテイクカットなどが差し込まれる)の作業があって、結局スタッフも徹夜のリテイク作業になり、なんとか朝6時に納品したんです。その翌日が第37話の放送で、放送をスタジオで観たのですが、前日徹夜だったのにも係らずスタッフがわざわざ集まってくれて……。みんな作品に愛情を持ってくれているんだなとあらためて感じました。時間を空けずみんなにちゃんとお礼が言える機会があって良かったです(笑)。

——今回のシリーズの構成をどのようにお考えになりましたか。

榎戸　ひとつ思ったのは……毎回行われるサプライズは、もはやサプライズじゃないよねってこと(笑)。「蒼の使徒」編や「黒の時代」編を入れた時に、「小説版のエピソードをアニメに入れて、サプライズを仕掛けたぞ」と思っていたんだけど、いまや「サプライズをしないと怒られる」みたいな感じになっていて、自分たちでハードルを上げてしまったなと(笑)。ただ『十五歳』編をアニメでやりたい」と言った時に、朝霧先生が驚いてくださったのはうれしかったですね。朝霧先生にはサプライズになったなと思いました。

朝霧　(笑)。

五十嵐　「十五歳」編は映画(『文豪ストレイドッグス DEAD APPLE』(以下、DA))の入場特典小説です。「劇場に足を運んで下さった方たちにも良いサプライズになるのでは?」と思いました。

——「十五歳」編以降の構成はどのように決めていきましたか。

榎戸　シリーズ構成は、それほど苦労はしなかったのですが、第2シーズンの「組合」編から、「共喰い」編までの間に、原作では一話完結の読み切り話数が結構あるんですね。いくつかを2本立てにしなきゃいけないなと。第25話(OVA)で「独り歩む」を先につくっておいて本当に良かったなと思いました。たとえば「Slap the Stick」(原作第三十八話)と「Addict」(原作第四十一話)は、どちらも「Slap the Stick(どたばた芝居)」であるし、どちらも「Addict(中毒)」ともいえる内容なんですよね。しかも、両作ともタイトルが英文じゃん! と。それで「Slap the Stick & Addict」(第30話)としたんです。ただ申し訳ないと思ったのが、(中島)敦くんは主役なのに、第3シーズンが始まっても、なかなか出番がなかった。申し訳ない(笑)。

——原作では第四十二話だった「咎与うるは神の業」を「十五歳」編の直後に入れ替えたのはなぜですか。

榎戸　打ち合わせの時に「ラスボスは早めに出しておいたほうが、シリーズとしてまとまりがいい」という話をしたんですよね。

朝霧　原作よりも早いタイミングでフョードル(・D)を出していただいて、すごくきれいに決まったなと思いました。「悪い奴をカッコよく早く出しておく」という構成は、とても勉強になりました。

榎戸　たとえば「ルパン三世」のように犯罪者が主人公の作品は、自分で事件を起こすことができるから、「今回はあれを狙うぜ」と物語を引っ張ることができるんだけど、主人公が正義の味方の場合は、「さあ、正義をしにいくぞ」というわけにはいかない。悪がいて初めてストーリーが成り立つんです。

ダイヤはダイヤでしか磨けない

――第3シーズンでは「十五歳」編と「共喰い」編ともに「ボスの在り方」が描かれていますね。

榎戸　今回は「組織論」を意識していました。原作の「十五歳」編を読んだ時に、「共喰い」編の組織論のバリエーションとして受け取ることができたんですね。第3シーズンの前半と後半に「組織論」が入るのは良いなと。そこで軸になる存在は、森鴎外になると僕は考えていました。「十五歳」編では偉大なお父さん的なポジションだった森鴎外が、「共喰い」編では夏目漱石に小僧扱いされるのもおもしろいなと。

朝霧　第3シーズンは「組織論バトル」になっていて。最初は羊対ポートマフィア、後半は武装探偵社対ポートマフィアと響き合っている感じが良いなと思っていました。「十五歳」編の時はポートマフィアの(組織論の)ほうが正しく描かれているんですが、「共喰い」編ではその組織を利用するフョードルが現れる、サスペンスとして深みが出たと思います。

五十嵐　森鴎外の組織論は完璧に近い。でも、森鴎外の組織論を一番体現できるのはきっと太宰治なんですよね。その太宰がいなくても理想に近い体制で運営できているポートマフィアは頑強な組織なんだなと感じます。

榎戸　森鴎外は、人前では完璧で頑強な組織であるかのように振る舞っているんですけど、「十五歳」編の最後に半分モノローグで「〝ダイヤはダイヤでしか磨けない〟か……夏目先生、私と福沢殿におっしゃったあの言葉、今こそ確かめさせてもらいますよ」と言っている。(森鴎外は太宰と中原中也を)ダイヤ同士で磨こうとしていたわけです。でも、それが今回の「共喰い」編で、実は、自分たち(森鴎外と福沢諭吉)も磨かれている側だったとわかる。

――満を持して登場した、夏目漱石についてはどのように描こうとお考えでしたか。

朝霧　夏目先生の髪の毛の色がミィちゃんなんですよね(笑)。登場シーンも満を持してという感じで素晴らしかったです。存在感がすごくて。とても楽しませていただきました。

榎戸　実は第1シーズンのころから、朝霧先生から、夏目先生とミィちゃんの関係を聞いていたんです。「黒の時代」の冒頭からBAR Lupinで3人(太宰治、織田作之助、坂口安吾)といっしょに飲んでいるんですよ。いろいろなところに夏目先生はちょこちょこ出ている。虎よりも強い猫として。

五十嵐　物語のキーポイントには、その状況を必ず三毛猫が見守っている演出にしています。例えば第27話の造船所跡地で蘭堂と太宰と中也が会う時や、第26話の太宰と森鴎外が話す病院の外や、第16話のEDで種田(山頭火)長官と太宰が話すシーンにも三毛猫がいる。いろいろな場所に猫がいる。僕が猫好きだから出しているわけじゃない(笑)。確かに猫は好きですが(笑)。

榎戸　物語を見守ってくれている存在ですね。織田作の回想シーンには、夏目先生自ら出ていましたしね。

五十嵐　あの時はシルエットでしたが、その時点で春河35先生の描いた夏目漱石のデザインは既にありました。

朝霧　原作の第一話を描き始める前から、夏目漱石のデザインはあったんです。太宰や芥川と同じタイミングで生まれたキャラクターでした。すごい異能力者なんだけど、猫に変身してそこにいるだけ……という設定だけは最初にあって。それを皆さんにお話しして、アニメで膨らませていただきました。

おじさんをカッコよく描くために必要なこと

――「共喰い」編では森鴎外と福沢諭吉の関係が描かれました。2人についてはどのように考えていましたか。

朝霧　森鴎外は決して出番が多くはないんですが、登場するたびにいろいろな側面が見えるんですよね。なんなら主人公として一本書けるくらいのいろいろなエピソードがあるんです。お2人が先ほど言ったように、森鴎外は理詰めの男で、論理的最適解を信奉している、理系の男。ただし、情がないわけではなくて。「黒の時代」の時に太宰をポートマフィアから追い出したのは、論理的最適解だったと言いつつも、4年経っても物悲しそうにしている一面もあるんです(笑)。4年前の太宰は部下でもなく、扶養者でもなく、(森鴎外の)共犯者だったんでしょうね。

榎戸　森と福沢は、中也と太宰、敦と芥川(龍之介)のように、運命的なコンビなのでしょうね。2人とも深い部分では同じような部分があって。そこは朝霧先生も「俺と同じにおいがする」と随所に描かれている部分だと思います。しかも、この2人は自分たちが似ていることを自覚していて、似ている部分がすごくイヤなんだろうなと(笑)。自分の一番イヤな部分が似ているから、顔を合わせるとイラッとするし、共感もできる。森鴎外も福沢諭吉も必要がなければ、お互いを殺そうとは思わない。今回（「共喰い」編）は殺し合うわけですが、できれば死んでほしくないと思っているところもあるのかなと。

朝霧　今回の「共喰い」編の真っ最中に、2人が部下を救うには自分たちが決闘するしかないと、連絡もしていないのに同じタイミングで同じ場所に行く展開がすごくカッコよく描かれていたなと思いました。「おじさんをいかにカッコよく描くか」というテーマが「文豪」にはあるので（笑）。若いイケメンばかりがカッコいいわけじゃないんだぞ、という思いが伝わると良いなと思っています（笑）。

——「おじさんをカッコよく描く」という点について、アニメスタッフ側の印象はいかがですか。

五十嵐　僕は、福沢も森鴎外もおじさんと思っていないんです（笑）。

榎戸　残念なことに、僕も五十嵐監督も森鴎外や福沢よりも年上なんですよ（笑）。

五十嵐　朝霧先生は「カッコいいおじさん」と呼んでくれていますが、僕や榎戸さんが森鴎外や福沢をカッコよく描けているのは、2人を「おじさんだと思っていない」からなんです（笑）。物語の結論を出す人間は、青年や少年であってほしい。これからの未来を背負っていく人たちが答えを出すべきだと思っているんです。森鴎外は太宰治たちのことを考えて論理的に世界を創ろうとしているし、福沢は異能力を持ったことで社会では生きづらくなってしまった人たちを受け入れて、これからの生きる道を作ろうとしている。そういう点で、2人は上に立つ資質をもっているんだと思います。そういう意味で森鴎外や福沢のようなキャラクターは、僕の中では〝おじさん〟のカテゴリーに入らない（笑）。〝おじさん〟というのは僕の様に〝寂れた人間〟です（笑）。

——どちらかというと「父」たる存在ということですね。

五十嵐　そうですね。むしろ「父」と呼ぶほうが近いかもしれない。

榎戸　「十五歳」というキーワードは、まさに子供が大人になる年齢でもあって、子供が大人になる時に、必要な存在は「父」ですよね。そのあたりは朝霧先生が原作で上手く配置されているなと思っていました。森鴎外、蘭堂がそれぞれ太宰と中也の父親的な立場になっている。そして、太宰治は敦と芥川の共通の父親みたいな存在でもある。芥川が太宰に興味をもたなくなったら、それはきっと芥川が大人になったことなんだろうなと思います。劇場版「DA」の後半、敦は太宰から一歩踏み出していて、彼が大人に近づく姿を描けたのかなと。まだまだ一歩に過ぎないんですけど。

五十嵐　敦が一歩踏み出て、やっと芥川と横並びになれたぐらいでしょうか。僕の解釈では、敦と芥川は良く似ています。そのことを2人は自覚もしているんだろうと思っています。芥川が敦に言っている言葉も、敦が芥川に言っている言葉も、相手に言葉を当てて自己確認をする様な構造になっています。

朝霧　「回向《えこう》（ECHO）」（原作第五十一～五十三話、アニメ第37話）というサブタイトルの意味がまさにそこにあるんです。「回向」とは仏教用語から来ていて。大乗仏教では自分が空（一切皆空）なので、善行が他の人につながっていくという考え方があるんです。自分を救うには、他の人を救うということ——他の人を救うことで、自分が救われるという考え方ですね。それと「ECHO（反射音）」、自分が発することで相手に響く。相手からの返事がECHOとなって帰ってくることを重ねたんです。まさに五十嵐監督がおっしゃられていた、2人の関係のことですね。敦はどんなに人を助けても、どんなに良いことをしても、自分は生きていてはいけない人間だという想いから逃れられない。でも、その敦が、芥川に言葉を掛けて、返答をもらうことで初めて一歩前へ進める。それは芥川も同じで。あの2人は言葉をECHOすることでしか歩めない関係になっている。そこをアニメでも上手く表現していただいてうれしかったです。

第3シーズンでたどり着けた場所

——朝霧先生が第3シーズンでお気に入りのキャラクターは？

朝霧　田山花袋ですね。オープニング映像の花袋がカッコいいんです。

五十嵐　花袋と夏目先生のカットは新作画なんです。今回のオープニング映像は、劇場版とこれまでのシリーズの映像を10GAUGEの依田（伸隆）さんに編集して頂いてカットを組んでもらうつもりだったんです。そうしたら、KADOKAWAさんから「オープニングに花袋と夏目先生を出してくれませんか？」という依頼があって。そこだけ僕が絵コンテを描いて、それを依田さんにお任せして編集で入れ込んで頂きました。

榎戸　花袋の初登場の回は楽しかったですね。「文スト」は全体的にシリアスなんですが、やはりギャグ回は筆が走るんです。

朝霧　ああいうギャグ回は良いですね。

——第36話の「撃たれた花袋が包まった蒲団は〝よしこ〟ではなかった」という展開は、アニメオリジナルのものでしたね。

榎戸　あれは原作を単純化した感じです。本筋は変えず、情報を整理したというか。

朝霧　「"よしこ"ではなかった」というセリフが良いですよね。

榎戸　国木田(独歩)がすごく真面目な顔で言うのが良いんです。

——今回はルーシー・Mもフィーチャーされていましたね。

朝霧　どんどん思い入れが発生していくキャラですね。声もすごく良くて、かわいく描いていただきました。

五十嵐　ルーシーのバタバタした感じは、(泉)鏡花と対比になっているなと思うんです。僕の中のヒロイン度数でいうと、(鏡花よりも)ルーシーのほうが高い(笑)。彼女の乙女チックなところや敦への献身的な感じは、鏡花とイコールだけど、鏡花の敦への愛情は血縁の情に近いところがありますよね。もはや恋愛というよりも、肉親の関係に近くなっている。それに対して、ルーシーは敦を純粋な恋愛相手として見ることができる距離にいます。この2人を見ていてあらためて思うんですけど、この作品に登場する女性はみんな強いんですよね。

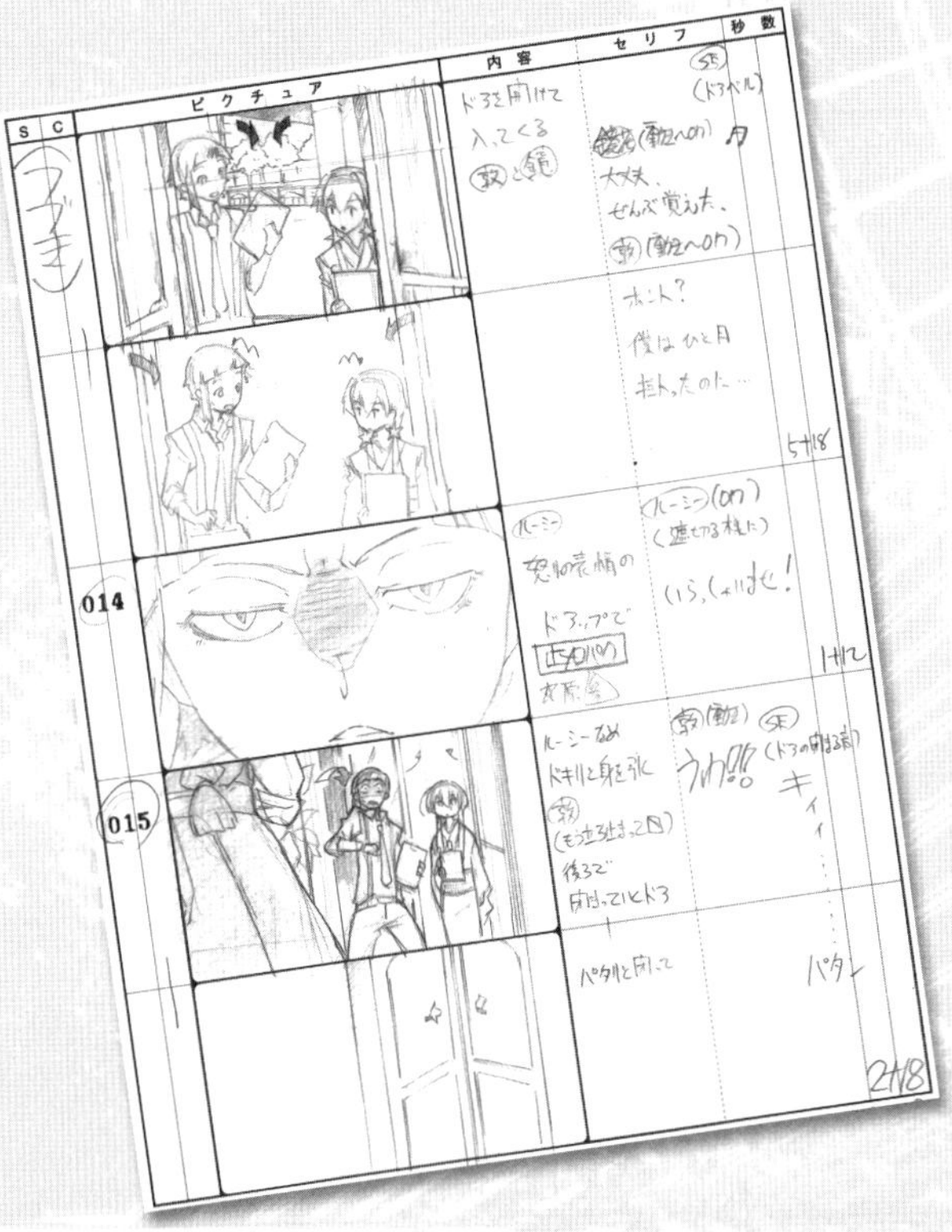

——朝霧先生は、女性の強さを意識的にお描きになっているんですか？

朝霧　全然意識していないんですが、自然と出ているみたいです(笑)。

榎戸　朝霧先生の描く女性は、みんな芯が強いんです。逆に一番弱いのは、尾崎紅葉かもしれない。もちろん戦闘力は最強クラスなんだけど、実は一番の弱さと女性らしさを抑え込んでいるような気がする。紅葉は、鏡花のことをすごく大切にしているんだけど……紅葉にとっての鏡花は、彼女の中にある少女的な部分の分身なんじゃないかと思うんです。鏡花を守りつつも、昔の自分の壊れかけた部分を必死に守っているような……そんな気がしますよ、朝霧先生(笑)。

朝霧　はい、そのとおりです(笑)。事件を起こさず、そういう話をもっと書きたいんですけど。そういうわけにもいかないんですよ……。

——フランシス・Fの復活も第3シーズンの見どころですね。

朝霧　あのエピソードは、綾辻行人先生からおほめをいただいたんです。「キャラクターを大事にするね」とおっしゃってくださって。すごくうれしかったです。

榎戸　フランシスのエピソードは、原作でも好きな話です。全然関係ないけどアニメを見終わったあと、チャンネルを替えたら、今日の円相場が出ていて。フランシスの異能力は円相場でどれくらいの影響を受けるのかなと気になっちゃいました(笑)。

一同　たしかに(笑)。

五十嵐　第32話のタイトル前で、フランシスの手のアップを映すカットがあるんですが、実はあの手の薬指には結婚指輪の跡があるんです。

朝霧　そう！　あれはびっくりしました。

五十嵐　第23話でフランシスは「自分の処分可能なすべての資産」を支払うわけですが、その異能力を使ったあとですら、あの指輪は残った……。つまり、フランシスにとって指輪は処分不可能な資産であるという意志があったということなんですよね。

榎戸　本来、結婚指輪の価値ってプライスレスですからね。フランシスは指輪の金額(50万ドル)で価値を判断しているけれど、本人が自覚していないだけで、実は金額以上の価値があるのかもしれない。その予想以上の価値が、コンクリートのような海面から彼の命を救ってくれたんじゃないかなと思うんです。

五十嵐　彼を救ってくれたのは、「彼の意志」ではなくて、「妻の愛」だったのかもしれない。そう読み取れるような展開が、すごく良いなと思うんです。

榎戸　フランシスは金額でしか、価値を測れない男だったんだけど、ルイーザ(・A)は「フランシス様の価値は、お金でも地位でもありません。人の上に立つ資質です」と言う。「女性が、男性にお金以上の価値を見出す」という、男性にとってはちょっと泣ける展開なんですよね。

――第3シーズンの最終話にあたる第37話は五十嵐監督が絵コンテ・演出を担当されています。手応えのほどはいかがでしたか。

五十嵐　プロデューサーの鈴木（麻里）が絵コンテを見た時に「これ、劇場版より大変なんじゃないですか」って言ったんです（笑）。それでも、最初の打ち合わせのあと、スタッフの間で「これをやり切る」というスイッチが入ったように思います。僕と榎戸さんの口癖があって……それが「やれる気がする時はやれる」。

榎戸　それだけで四半世紀やってきました（笑）。もちろん、できないことはある。でも、この表現やこのスケジュールはちょっと無理かもしれないけれど、無理すればやれるかな……というのは、誰よりも自分がわかっている。

五十嵐　今回は、かなり無理しましたけどね。やりきることができました。本当にスタッフのおかげです。

――挿入曲としてSCREEN modeさんの「WRIGHT LEFT」が書き下ろされていますね。

五十嵐　僕は最初のプランから第37話に挿入歌を流すことだけは決めていたんです。ただ、今回は闘いがふたつに分かれていて、一度決着したかと思ったらひっくり返されて、再度仕切り直すという流れになっている。全部で7分くらいあったので、挿入歌が上がってきたら、インストなどを入れて7分に編集しようか？くらいに考えていました。そうしたら、ランティスさんがSCREEN modeの作曲を担当されている（太田）雅友さんと打ち合わせをさせて頂く機会を設けて下さって。雅友さんから「こちらで（7分ぶんの曲を）つくってもいいですか？」と提案してくれたんです。それならと、シーンの展開をタイムコードでお伝えして、新曲をつくって頂きました。それを、僕が東映アニメーションに在籍していたころから、ずっとお世話になっている編集の西山（茂）さんと調整して。音楽と映像がかなり合ったバトルシーンをつくることができました。

――「文豪ストレイドッグス」も第3シーズンまで来ました。ここまでたどり着いた感慨をお聞かせください。

榎戸　ここまで続けてきて「おじさんがカッコいいアニメになった」かなと（笑）。上手く描けば、たぶんおじさんはカッコよくなるんです。ひとつポイントを挙げれば、僕や五十嵐監督のようなおじさんが、女の子にモテモテなおじさんをカッコよく描いちゃうと、たぶんすごくカッコ悪いんだろうな。「願望だけじゃん！」と言われちゃうようなことは、恥ずかしいからやめようよと（爆笑）。きっとカッコよさを自覚したり、カッコよさを求めた時点で、カッコよくないんですよ。朝霧先生の描く森鴎外や福沢諭吉を見ていると、そのあたりが勉強になります（笑）。

朝霧　（笑）。

五十嵐　宮本（充）さん（森鴎外役）や小山（力也）さん（福沢諭吉役）を見ていると、自然体で本当にカッコいいんですよね。ああいう人になりたい……。

榎戸　ほらほら、「こういうおじさんになりたい」と思った時点で、ダメなんですよ（笑）！

五十嵐　（笑）。それはさておき、ここまでやってこられたのはスタッフのおかげだと思います。「作品が持っている力が人を惹きつける」なら、作品に関わる僕を含めたスタッフの人たちは、作品に選ばれたんだろうな……と思うんです。それはとても幸せなことです。

――朝霧先生は、ここまでアニメに関わられてきて、どんな感想をお持ちになりますか？

朝霧　この作品のエンドロールに流れるスタッフの誰よりも、僕がこのアニメに影響を受けているんです。「作家が本気で描ける長編漫画は、生涯で数本だけ」と言われていて。そのうちの1本に皆さんが力を注いでくださる。そのことで僕の人生の一作はとても豊かなものになりました。この作品は、「人生」です。

BUNGO STRAY DOGS

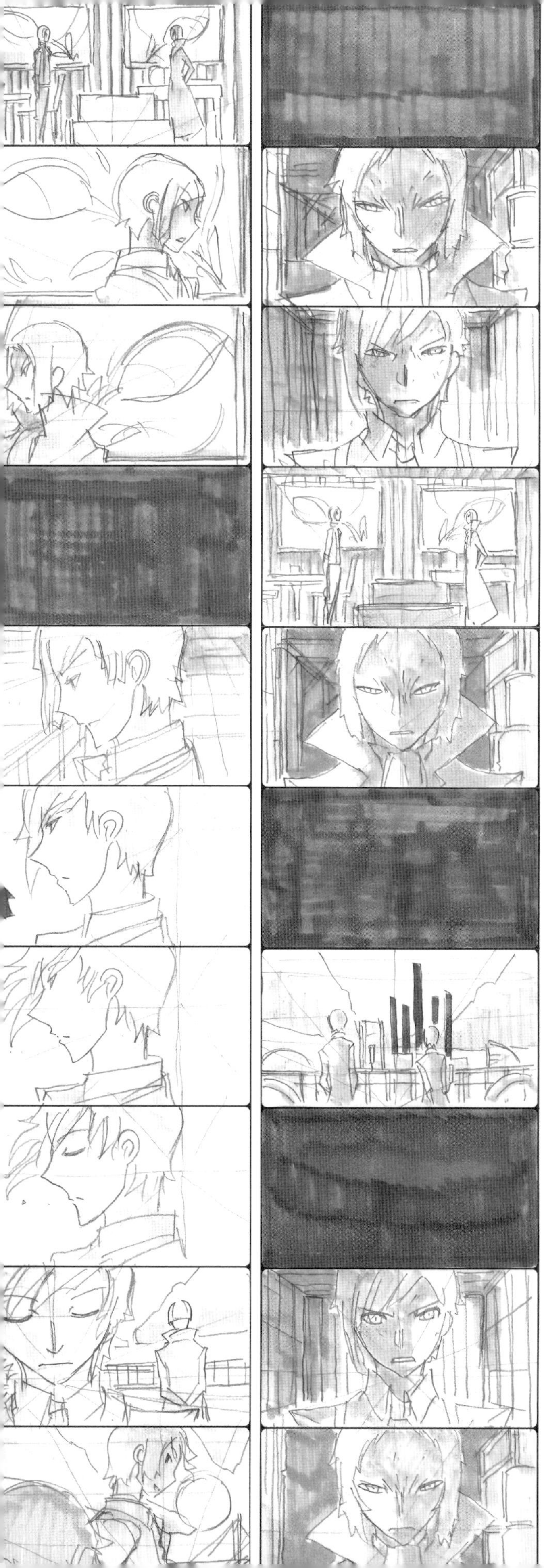

文豪ストレイドッグス
第3シーズン

STAFF

原作 朝霧カフカ
漫画 春河35（「ヤングエース」連載）
監督 五十嵐卓哉
シリーズ構成・脚本 榎戸洋司
キャラクターデザイン・総作画監督 新井伸浩
メカニックデザイン 片貝文洋
美術監督 近藤由美子
色彩設計 後藤ゆかり
撮影監督 神林 剛
CGディレクター 安東容太
編集 西山 茂
音楽 岩崎 琢
音楽制作 ランティス
音響監督 若林和弘
音響制作 グロービジョン
オープニング主題歌アーティスト GRANRODEO
エンディング主題歌アーティスト ラックライフ
アニメーション制作 ボンズ
製作 2019文豪ストレイドッグス製作委員会

CAST

中島 敦 上村祐翔
太宰 治 宮野真守
国木田独歩 細谷佳正
江戸川乱歩 神谷浩史
谷崎潤一郎 豊永利行
宮沢賢治 花倉洸幸
田山花袋 鈴村健一
与謝野晶子 嶋村 侑
泉 鏡花 諸星すみれ
谷崎ナオミ 小見川千明
福沢諭吉 小山力也
芥川龍之介 小野賢章
中原中也 谷山紀章
梶井基次郎 羽多野渉
尾崎紅葉 小清水亜美
樋口一葉 瀬戸麻沙美
エリス 雨宮 天
森 鷗外 宮本 充
フランシス・F 櫻井孝宏
ナサニエル・H 新垣樽助
ポオ 森川智之
ルーシー・M 花澤香菜
ルイーザ・A 植田ひかる
坂口安吾 福山 潤
フョードル・D 石田 彰

文《ぶん》豪《ごう》ストレイドッグス
公《こう》式《しき》ガイドブック 転《てん》化《か》録《ろく》

監修 2019文豪ストレイドッグス製作委員会

2019年9月25日　初版発行
2025年3月３日　第3刷発行

装丁 佐野ゆかり（草野剛デザイン事務所）
本文デザイン 野網雄太
編集・執筆 高見澤秀、岡田勘一（マイストリート）
執筆 青木逸美、杉山智代、松田孝宏、
ワダヒトミ、志田英邦、キツカワトモ
編集 大野咲紀、金内佑加
編集長 角清人
協力 鈴木麻里、渡木翔紀（ボンズ）
加藤浩嗣、石橋颯平、倉兼千晶、福田順、
津末達也、松坂豊明（KADOKAWA）

発行者 山下直久
発行 株式会社KADOKAWA
〒102-8177 東京都千代田区富士見2-13-3
TEL 0570-002-301（ナビダイヤル）

編集企画 ニュータイプ編集部

印刷・製本 大日本印刷株式会社

●お問い合わせ
https://www.kadokawa.co.jp/（「お問い合わせ」へお進みください）
※内容によっては、お答えできない場合があります。
※サポートは日本国内のみとさせていただきます。
※Japanese text only
※掲載の情報は2019年9月時点のものです。

ISBN 978-4-04-108767-1　C0076

【描き下ろし】
カバー
原画＝新井伸浩　仕上＝後藤ゆかり

【再録】
p5　「十五歳」編　キービジュアル
原画＝新井伸浩　仕上＝後藤ゆかり
背景＝近藤由美子　特効＝龍角里美

p33　第3シーズン　キービジュアル
原画＝新井伸浩　仕上＝後藤ゆかり
背景＝近藤由美子　特効＝古市裕一（BOSA BOSA）

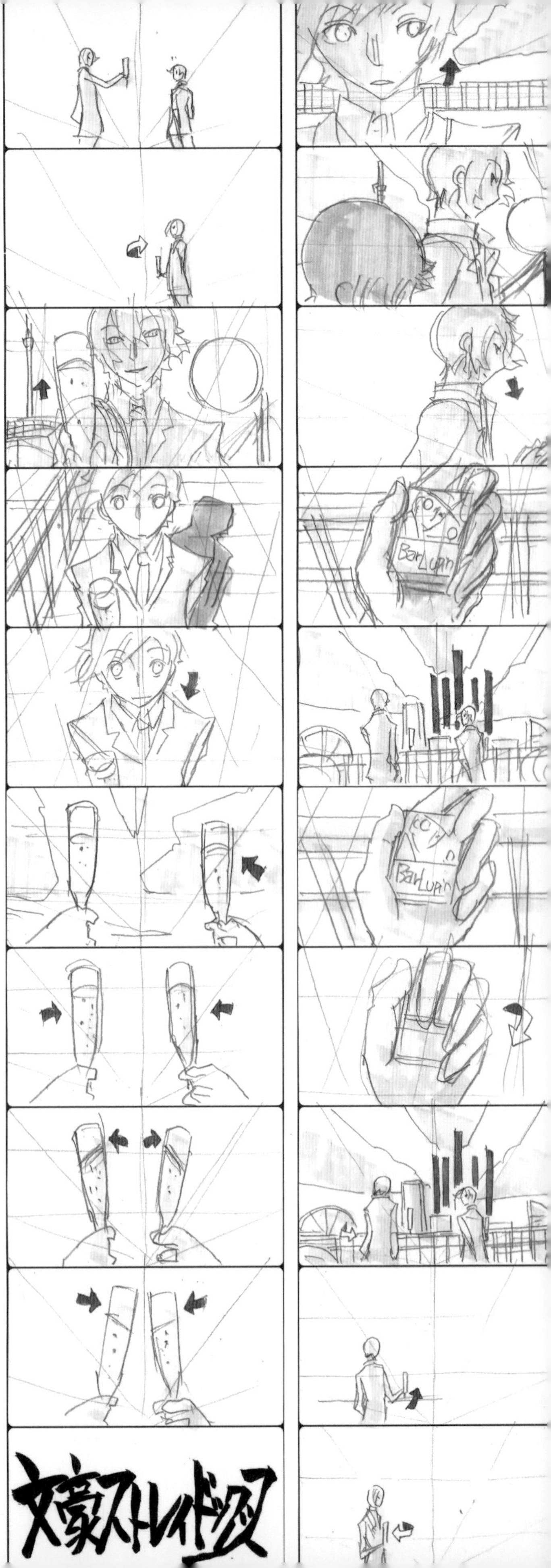